学校司書と先生のための
すぐできる
ブックトーク
― 小・中学校・高等学校のわかりやすいシナリオ集 ―

渡辺暢惠/小柳聡美/和田幸子/齋藤洋子 著

ミネルヴァ書房

はじめに

　「ブックトークを聞いたことがありますか？」小・中学校・高等学校でこのようにたずねて，児童・生徒から「聞いたことがある」という答えはどのくらい返ってくるでしょうか。この本を手に取ってくださる方が関わる学校ではどうでしょうか？「まだ聞いたことがない」という答えが多い学校や学級でしたら，ぜひ本書を読んで，実施してみてください。もうすでにブックトークを実践されている学校でしたら，さらに効果的なブックトークを研究する参考にしていただけたらと考えます。

　2000年は子ども読書年でした。2001年には子どもの読書活動の推進に関する法律が，2005年には文字・活字文化振興法が定められました。この背景には，児童・生徒の読書離れ，学力低下という問題がありました。しかし，毎日新聞社の読書世論調査によれば，この10年間を振り返ると，小・中学校・高等学校，すべて読書量は増加傾向にあります（『読書世論調査：第56回学校読書調査』毎日新聞社，2011年）。この読書量の増加は，周囲の大人達，主に学校での取組みの成果と考えられます。

　次の課題は，「どんな本を読むか」というさらなる質の向上ではないでしょうか。児童・生徒からも「どんな本がおもしろいですか？」という声がよく寄せられます。また，今もまだ「本は苦手」と思っている児童・生徒が，「読んでよかった」「本を好きになった」と変われるきっかけになる本を伝えることも大切です。そのために，ブックトークは，とても効果のある読書指導の方法です。

　けれども，「ブックトークというのは，どんなものかわからない」「失敗したらどうしよう」と考える方も多いのではないでしょうか。あるいは，「何冊もの本を読んでブックトークを考える時間はない」という方もいるでしょう。そこで，ブックトークがすぐできるように，小・中学校・高等学校の学校司書が，今までに実施してきた中から選んだシナリオを持ち寄って1冊にまとめ，多くの方に使っていただくことを企画しました。

　本書の第1章では，ブックトークの概要と歴史などを書きました。第2章では小学校，第3章では中学校，第4章では高等学校のブックトークのシナリオを紹介しています。いずれも，児童・生徒に本のよさを伝えたいという熱意を持った学校司書が行った実践です。第5章では，先生が短時間に行えるように考案したブックトークのシナリオを紹介しています。もちろん，学校司書が行うブックトークにも使えます。校長先生，教頭先生，教育実習生が実際に行ったブックトークのシナリオ，全校朝会，給食中，読書集会などさまざまな場面でのブックトークなども集めました。実践を踏まえ，読んだ方がすぐにできるように考えて書きました。

　学校司書というのは，学校図書館に勤務する司書です。学校図書館にいて，児童・生徒に本をはじめ，さまざまな情報を提供します。ときには教室で，または体育館でブックトークを行うこともあります。校内の正規の職員として勤務している学校司書は少なく，多くは市町村で非正規

職員として雇用され，職名もさまざまですが，一度，ブックトークを成功させると，専門職として校内で認知され，先生方と児童・生徒から頼られる存在となり，校内の読書活動の推進に大きく貢献できるようになります。学校司書として配置されていても，本の整理や掲示物などの環境整備をするだけでは，その任を十分果たしたとはいえません。学校司書ご自身にとっても最も楽しい取組みであるブックトークの機会を逃していたらもったいないことだと思います。どのようにブックトークの時間を作るかは本書を参考にしてください。

　また，先生方は，それぞれの学級で，あるいは各教科の授業の中で，気軽にブックトークに取り組んでください。いつのまにか児童・生徒が本を読むようになり，効果を実感できると思います。第5章に掲載したように，すでに読んだことのある本を先生の言葉で伝えること，あるいは，専門の教科に関連する本を紹介するなど，大きな負担のかからないブックトークをおすすめします。児童・生徒は，先生にすすめられた本を印象深く覚えているものです。トーク，つまり話すことは先生の得意なことですから，コツをつかめばさらに児童・生徒の読書意欲を向上させることができます。

　児童・生徒が読書の楽しさを知り，自らを高めることができるように，ぜひ積極的にブックトークを実践してください。

著者一同代表　渡辺暢惠

目　次

はじめに　　i

第1章　ブックトークとは … 1
　1　ブックトークの目的と方法 … 2
　2　学校で行うブックトーク … 3
　3　ブックトークの歴史 … 6
　4　ブックトークの作り方 … 8
　5　ブックトークを成功させる秘訣 … 11
　◇コラム　ブックトークの文献に見るこれまでの経過 … 15

第2章　小学校でのブックトーク … 17
　1　小学校でブックトークをする意義 … 18
　2　ブックトークをするときと場所 … 19
　3　ブックトークの作り方 … 20
　4　ブックトークの楽しみ … 26

実践例
　テーマ①　野菜・果物，どれも食べたいな … 28
　テーマ②　「黄色いバケツ」ときつねの子シリーズ … 32
　テーマ③　どんなはたらくのりものあるかな？ … 35
　テーマ④　昔話「あれっ？　そんな話だったっけ？」 … 39
　テーマ⑤　映画になった物語 … 43
　テーマ⑥　算数であそぼう … 47
　◇コラム　小学校の学校司書として：2年で380冊 … 50

第3章　中学校でのブックトーク … 53
　1　中学校でブックトークをする意義 … 54
　2　ブックトークをするときと場所 … 55
　3　ブックトークの作り方 … 56
　4　ブックトークの楽しみ … 61

実践例
　テーマ①　ベストフレンドの見つけ方 … 63
　テーマ②　違っていてもいいじゃない … 68
　テーマ③　君と結びし，熱き絆 … 72
　テーマ④　みんないっしょに　ハンディがある人を理解しよう … 76
　テーマ⑤　古典のとびら　故事成語 … 80
　テーマ⑥　語りつごう「戦争と沖縄」 … 84
　◇コラム　中学校の学校司書として … 88

第4章　高等学校でのブックトーク　91

- 1　高等学校でブックトークをする意義　92
- 2　ブックトークをするときと場所　93
- 3　ブックトークの作り方　95
- 4　ブックトークの楽しみ　97

実践例

- テーマ①　人とつきあう　99
- テーマ②　朝から目が覚めるちょっと怖い本　103
- テーマ③　言葉とは何だろう　107
- テーマ④　座右の書を見つけよう　111
- テーマ⑤　君たちはどう生きるか　115
- テーマ⑥　友達ですか？　恋人ですか？　119
- テーマ⑦　絵画だけではわからない　123
- テーマ⑧　気づかなかった，知らなかった，長崎　126
- ◇コラム　高等学校の学校司書として：「ヤンキーからセレブまでOKだね」　128

第5章　さまざまなブックトーク　131

実践例

- テーマ①　それから，どうなるの？：読書の入門期に　132
- テーマ②　斉藤洋の本を読もう：長い物語が読めるように　134
- テーマ③　安房直子の本を読もう：教科書に出てくる物語教材の発展　136
- テーマ④　日光と徳川家康：修学旅行の調べ学習の導入に　138
- テーマ⑤　ベルヌの本を読もう：先生が子どものときに好きだった本　141
- テーマ⑥　なぜベンチに座れないの？：物語の背景を知るために　143
- テーマ⑦　数学を楽しむ本：数学の先生のおすすめの1冊　145
- テーマ⑧　こんなことって……。：教頭先生のおすすめの1冊　147
- テーマ⑨　夢に向かって：道徳の導入に　149
- テーマ⑩　この名前を知っていますか？：全校朝会での校長先生のブックトーク　151
- テーマ⑪　おもしろい本ない？：ブックトークを入れた全校読書集会　153
- テーマ⑫　おすすめの本を紹介します：給食中のブックトーク　155
- ◇コラム　給食中のブックトークについて　160

資料1　日本十進分類法　161
資料2　年度初めに行うブックトークを入れたオリエンテーション活動案　162
資料3　ブックトークについての本　163

おわりに　165

第1章
ブックトークとは

 **ブックトークの目的と方法**

1 ブックトークの目的

　ブックトークとは，一般にはひとつのテーマに沿って，何冊かの本を紹介する方法を指します。実際に本を用意して手に取り，一部を読んで聞かせたり，挿絵を見せたりしながら進めます。「本の紹介」と似ていますが，ブックトークのほうが話の流れを考え，聞き手をより意識しています。「この本を読んでもらいたい」というメッセージがよく伝わるように，さまざまな本を入れて，ひとつの流れを構成していくことが特徴です。1，2冊だけをとりあげてもブックトークといえます。

　ブックトークの目的は，とりあげた本を読んでみたいと思ってもらうことです。さらに加えて，読書そのものに関心を持たせ，今までと違った観点で，紹介された新しい分野の本を手にとるきっかけを作ります。それは，ブックトークを行う学校司書や先生と児童・生徒のあたたかい人間関係の中で，さらに効果を発揮します。まったく知らない人が話すことにも良さがありますが，親しみを持っている学校司書や先生が自分達のために話してくれる，目と目を合わせて語りかけてくれる，この臨場感はとてもいいものです。

　児童・生徒に本をすすめる代表的な方法として他に，読み聞かせやストーリーテリングがあります。この3つが区別されない場合があるので，それぞれを確認します。

　　○読み聞かせ
　「読み語り」という人もいます。絵本の絵を見せながら，1冊を最後まで読んで聞かせることです。家庭では，おうちの人が子どもに読んで聞かせます。学校など人数が多い場所では，読み手が絵本の絵を子どもたちが見えるように持ち，全員に読んで聞かせます。
　　○ストーリーテリング
　「語り，お話」という人もいます。何も見ないで，最後まで話をして聞かせることです。日本では古くから語り部が，民話を語りついできました。本質的には同じですが，ストーリーテリングはアメリカから公共図書館の児童サービスの方法として入ってきました。ですから，現在のストーリーテリングの多くは，本からお話を選んで覚えて語る方法をとっています。

　読み聞かせとストーリーテリングは，ひとつの話を最後まで聞かせますが，ブックトークは読みたいという気持ちを持ってもらうために，あえて，「ここからおもしろくなる」というところで終わりにして，「後は，読んでください」という方法をとる

ことがあります。また，ブックトークの中に読み聞かせ，ストーリーテリングを入れることはよく行われています。

2 ブックトークで紹介する本

ジャンルは文学のみとせず，科学読み物，詩，ノンフィクションなどを入れ，やや難しいものからやさしいものまで幅広くそろえると魅力的になります。授業中に実施するのであれば，対象年齢は限られていますが，一人一人好みや読む力は違うので，誰もがどれかの本を手にとりたくなるように配慮してください。とくに小学生は，すすめた本はすぐに読んでみたくなるので，その場で借りられるように学校図書館の本を使うことをおすすめします。公共図書館の団体貸出が利用できるのであれば，ブックトークで使う本を何冊か用意しておくとよいでしょう。

あるいは，ブックトークを想定して学年はじめに，同じ本を何冊か購入しておくことも可能です。ブックトークを行った直後だけ貸出が延び，その後借りられなくなったとしても翌年，また使うことができるので無駄にはなりません。

司書教諭，また学校司書は，自分がブックトークに使いたい本を購入しておき，時間があったときに実施できるように準備しておくとよいでしょう。新しい本の魅力がさらに増します。

対象を変えて同じブックトークを何度も行うと，つなぎ方や間の取り方がわかってきて自分の十八番になります。

ブックトークは，学校司書，司書教諭，先生，ボランティア，本が好きな人「この本をすすめたい」と思う人なら誰でもできます。それではどんな方法がいいのでしょう。本書ではブックトークの語り手の数だけ方法があり，その人流でいいと考えています。ただし，ひとつだけ条件があります。それは聞き手である児童・生徒・クラス全体を主体に考え，「その本，読んでみたい」と思わせることです。1冊の本をクラス全員に読みたい気持ちにさせるのはむずかしいので，できれば，何種類かの本を用意することをおすすめします。機会を見つけて，同じ学級に何度か違うテーマでブックトークを行ってください。そうすれば，全員が「読んでみたい本」に出会うことができます。

 学校で行うブックトーク

1 児童・生徒一人一人を育てる

学校は児童・生徒一人一人を大切に育み，その成長を見守っていく場です。そのためには，児童・生徒の名前を覚えることが大事です。先生は当然のことですが，学校司書は全校の児童・生徒の名前をできるだけ多く覚えてください。第4章の高等学校

でのブックトークのコツにも書いてあるように，学校図書館ならではの心の交流ができます。ブックトークに「この主人公は，○○君にちょっと似ているかな」と，クラスのムードメーカーの名前を入れると全員がその本に愛着がわき，言われた○○君もその本を読みたくなります。

　すべての児童・生徒一人一人に心を向けて，どんな本をいつも読んでいるのか，どんなことが好きなのか，これから読んでほしいおすすめは何か，と考えてください。これがブックトークの構成のもとになります。学校司書と先生のあたたかい気持ちが届いたとき，ブックトークが成功し，読書を好きになる児童・生徒を育てることができるのです。

　ですから，先生が不在の自習時間に学校司書が一人でブックトークをすることはおすすめできません。先生と共に一人一人を見守り，ブックトークで紹介した本をまた，何かの機会に先生に話題にしてもらい，あるいは，その本を誰がどのように読んでいるか，児童・生徒の間で話題になっているか，などの連絡をとりあいます。

　また，児童・生徒の掌握をすること，生徒指導的なこと，非常時に安全を確保することは学校司書の仕事ではありません。ブックトークを聞く体制にさせること，その時間1時間を安全面も含め掌握することは先生の責任です。

2　学校で行うブックトークの留意点

　学校で行うブックトークの特徴は学級または学年で実施する場合，対象年齢が同じということです。公共図書館や公民館などで行われるブックトークとは違うので，テーマや本がしぼりやすくなります。けれども，発達には個人差があがりますし，好きなことも違いますので，同年齢を対象にしつつも幅広く考えておくことも大切です。

　ブックトークを授業中に行う場合は，教科のめあてがありますから休み時間とは違うことを意識してください。これは指導者である先生の責任ですが，授業中に学校図書館でブックトークを聞いた後，「好きな本を読みましょう」と指示して，自由時間にしてしまうのは考えものです。ブックトークで紹介された本，もしくは関連する本を読む時間にあててください。好きな本を借りるのは，最後の5分間ぐらいだけにします。時間をかけて作ったブックトークですから，読書を好きになるように，また，その時間がより効果的に使えるように考えてください。

　また，学校では同学年内は同じように進めることが基本です。ある学級が遠足に行って，ある学級は行かないなどということがないように，ブックトークも授業中に行うのであれば，どの学級も実施します。できれば，すべての学級で計画的に行われるのが望ましいことです。そのためには，教育課程に位置づけた指導計画の中でブックトークを行うことが大切です。「学校司書の思いつきで」「何らかのいきさつがあって」という偶然に近いきっかけが始まりだったとしても，同学年で同じように進めて，

それがとてもよい効果があったら、次年度はそのブックトークで紹介した本を購入しておくなどして、計画的に実施してください。

3 児童・生徒の年齢に合った目標

学校は教育の場ですから、段階を追った目標が定められています。読書はどの教科のどの分野にもかかわることですが、読む力を養うことをとくに重視している国語に焦点をあて、現行の学習指導要領ではどのような目標が掲げられているのか確かめてみましょう。

〈小学校〉
○第1・2学年
　書かれている事柄の順序や場面の様子などに気付いたり、想像を広げたりしながら読む能力を身に付けさせるとともに、楽しんで読書しようとする態度を育てる。
○第3・4学年
　目的に応じ、内容の中心をとらえたり段落相互の関係を考えたりしながら読む能力を身に付けさせるとともに、幅広く読書しようとする態度を育てる。
○第5・6学年
　目的に応じ、内容や要旨をとらえながら読む能力を身に付けさせるとともに、読書を通して考えを広げたり深めたりしようとする態度を育てる。

〈中学校〉
○第1学年
　目的や意図に応じ、様々な本や文章などを読み、内容や要旨を的確にとらえる能力を身に付けさせるとともに、読書を通してものの見方や考え方を広げようとする態度を育てる。
○第2学年
　目的や意図に応じ、文章の内容や表現の仕方に注意して読む能力、広い範囲から情報を集め効果的に活用する能力を身に付けさせるとともに、読書を生活に役立てようとする態度を育てる。
○第3学年
　目的や意図に応じ、文章の展開や表現の仕方などを評価しながら読む能力を身に付けさせるとともに、読書を通して自己を向上させようとする態度を育てる。

〈高等学校〉
○国語総合
　国語を適切に表現し的確に理解する能力を育成し、伝え合う力を高めるとともに、思考力や想像力を伸ばし、心情を豊かにし、言語感覚を磨き、言語文化に対する関

心を深め，国語を尊重してその向上を図る態度を育てる。
○現代文A
　近代以降の様々な文章を読むことによって，我が国の言語文化に対する理解を深め，生涯にわたって読書に親しみ，国語の向上や社会生活の充実を図る態度を育てる。
○現代文B
　近代以降の様々な文章を的確に理解し，適切に表現する能力を高めるとともに，ものの見方，感じ方，考え方を深め，進んで読書することによって，国語の向上を図り人生を豊かにする態度を育てる。

　読書に関する態度について書いてあるところにアンダーラインを引きましたので，ブックトークを行う際の拠り所としてください。小学校では楽しんで，幅広く，考えを広め，深めることが目標です。中学校ではものの見方や考え方を広げ，読書を生活に役立て自己を向上させようとすることが目標です。高等学校では思考力や想像力を伸ばし，心情を豊かにし，言語感覚を磨き，言語文化に対する関心を深め，生涯にわたって読書に親しみ進んで読書することによって，国語の向上を図り人生を豊かにすることを目指します。
　学校で行うブックトークは教育の場であることをよく考えて，楽しい雰囲気の中でこれらの目標を達成できるようにしましょう。

 **ブックトークの歴史**

1　日本にブックトークが紹介されたころ

　ブックトークはどこで考えられて，どのような人たちが広めてきたのでしょうか。ブックトークについて書かれた文献の中でたどってみましょう。『ブックトーク──理論と実践』(1)によれば，1929年頃にアメリカの公共図書館で，児童への奉仕という考え方の中で生まれた方法です。日本で最初にブックトークが紹介されたのは1951年，慶應義塾大学に開設された図書館学科の図書館指導者講習会「児童・青少年奉仕」の講義の中でした。1959年には全国学校図書館協議会の機関誌『学校図書館』誌上，渡辺茂雄(2)さんによって「ブックトークとその実際」(3)として紹介されました。けれども，ブックトークはあまり広まりませんでした（15ページのコラム参照）。それは，その時代は教えたことを覚えさせる，詰め込み教育の時代だったことが一因かもしれません。渡辺さんの近所には，勉強の妨げになるからと本を読まない子がいたと書いてあります。また，「教室で」つまり，先生にブックトークをするようにすすめているのですが，先生は毎日の授業の準備などがありますから，この中で書いているような周到な

準備をしてからのブックトークはむずかしいことです。

2 学校司書が開拓したブックトーク

　1974年と1984年に全国学校図書館協議会は機関誌の『学校図書館』で，ブックトークの特集を組んで紹介しました。この特集に注目したのが，岡山市の学校司書でした。(4)
1977年に発足した「岡山市学校図書館問題研究会」では，ブックトークを学び，実践し，学校図書館の仕事を見直しました。1982年，岡山市の学校司書の永井悦重さんが，日本図書館協会学校図書館部会の夏季研究集会で初めてブックトークを行い，その後，会のメンバーは各地で呼ばれて実演を重ね，1986年には日本で初めてのブックトークの本，『ブックトーク入門：子どもが本を好きになるために』を出版しました。(5)この本について児童図書館研究会の松岡玲子さんは，「岡山の学校司書の方々が出版してくださったことは，今までよく実像がつかめずにいた図書館員たちにどんなに大きなものをもたらしたかわからない。『ブックトーク入門』を一つのモデルにしながら勉強してみようと考える勇気が出た。」と書いています。(6)この本の出版後，ブックトークが読書指導の方法として注目されるようになりました。岡山市学校図書館問題研究会は，2003年に『ブックトーク再考』も出版しています。(7)

　なぜ，岡山市の学校司書は，何年もかけてブックトークの方法を追求しているのでしょうか。それは，ブックトークを行うためには本をよく読む準備が必要で，先生にはなかなかできないため，学校司書に期待される仕事になるからです。全国の学校司書がたくさんの本を読んで，ブックトークを作り，児童・生徒に本を手渡してきました。2011年に出版された高桑弥須子さんの『学校ブックトーク入門』は，正に，学校(8)司書としてブックトークをし続けた実践の集大成です。本書の第2章，第3章，第4章のブックトークもこの流れの延長にあります。それぞれ，小学校，中学校，高等学校の学校司書として試行錯誤しながら，実践を重ねてきました。その中から「これはおすすめ」というブックトークの例を書いていますので，参考にしてください。

3 ブックトークの広がり

　ブックトークは，学校司書以外の立場の方たちによっても形作られてきました。岡山市の学校司書による『ブックトーク再考』ではブックトークをもっと柔軟に楽しくとらえるきっかけとして，1998年に出版された北畑博子さんの『どこでもブックトーク』があったと書かれています。北畑さんは文庫活動を出発に活動し，遊び心を重視(9)したブックトークの中で科学読み物を多く紹介しています。1960年代には親子読書運動として家庭文庫，地域文庫が全国で開設され，子どもたちのために本を手渡す活動が行われていました。北畑さんは「文庫活動をしていて，小学生が忙しくなり文庫に来られなくなってきたので，"おはなし配達"を始め，その中でブックトークを入れ

ていった」と書いています。2009年に『あなたもブックトーク』を出版した「京都ブックトークの会」は，京都にある子どもの本専門店「きんだあらんど」に集う方たちが，実践してきたことをまとめた実践集です。同じ年に出版された『キラキラ応援ブックトーク』は，公共図書館司書，学校司書4人が子どもに本をすすめる33のシナリオを書いています。

　先生も自らブックトークに取り組み始めました。1995年，1997年には小学校司書教諭の高橋元夫さん，小学校教諭の蔵元和子さんが『よんでよんでトーク』を出版しています。東京都小学校図書館研究会ブックトーク研究委員会は『小学生のためのブックトーク12か月』，村上淳子さんは『だれでもできるブックトーク』小学生編と中学・高校生編を出版しています。授業に生かすことを目的として2007年に書かれたのは，鈴木喜代春さんを中心とするブックトーク研究会の『授業が生きるブックトーク』，2011年の『新版・授業が生きるブックトーク』です。

　では，ブックトークは学校の先生にとって，指導方法のひとつとして定着してきているのでしょうか。残念ながら，まだ，司書教諭や一部の先生によってのみ行われているのが実態です。先生には今まで行われている何冊もの本をすすめるブックトークは，現実的にむずかしいのです。そこで，本書では司書教諭ではない先生も行える，効果的な短めのブックトークを第5章に紹介しました。「これがブックトークなら，やってみよう」と先生方に思っていただけることを願って，実践を集めました。おそらく本書を手にとる先生は，ブックトークに関心のある方でしょう。まだブックトークを身近に感じていない先生に紹介していただければ幸いです。

　ブックトークについて調べると，医療や福祉の場で行われていることもわかりました。今後，新たな療法を生むきっかけになるかもしれません。ブックトークが紹介されてから五十年余り，今後も多くの人の実践により広まっていくことでしょう。次のブックトークの歴史を作るのは，読者のみなさんお一人お一人です。

 4　ブックトークの作り方

1　実施する対象と時間の設定

　ブックトークを行う場合，何年生を対象にいつ実施するかを考えることがまず第一です。この場合，先生の立場ですと自分の学級で，あるいは教科のどこで実施するかを考えることからはじめると比較的簡単にできます。しかし，学校司書の立場ですと，授業の中に入ってブックトークを行うのは難しいという声が多くあります。第2章から第4章でそれぞれ，先生へのアプローチの方法がありますので参考にしてください。総じていえることは，学校司書が自分から先生に働きかけないと，その時間はとれないということです。学校司書が専門性を発揮して効果を示したときには，今度は先生

から依頼がきて，次のブックトークにつながります。あるいは，他の先生との連携もしやすくなります。司書教諭が，学校司書がどの学級にもかかわるように計画を立てている学校もあります。

2 テーマを決める

　第2，3，4章に書いてあるようにブックトークを行う場合は，すすめたい本があってテーマを決める場合とテーマが先にあってその内容に合った本を集める場合と2通りあります。学校の授業中に行うブックトークの多くはテーマが先にあって，それに向けて本を集めていきます。授業は学習指導要領に基づく年間計画がすでにあり，その中で進めていくからです。休み時間でしたら，すすめたい本を中心とする季節に合ったテーマ，楽しいテーマでいいのですが，授業中はその教科の単元のねらいに沿っていくことが大切です。年間計画に位置づけられた，教科のめあてにそったブックトークは，全学級で行うことができます。というのは，学校図書館の活用への関心が高い先生，また，授業の進め方の上手なベテランの先生の場合は，その先生の裁量でブックトークを入れることが可能になりますが，それ以外の先生の学級，教科では行われにくい現状があります。年間で計画的に進められている各教科のめあてにそったテーマであれば，どの学級も実施することができます。

　たとえば，宮沢賢治の物語を国語で学習する時期には，「賢治の世界」というブックトークができます。修学旅行に向けて調べ学習をする時期であれば，総合の時間に行き先の「日光と徳川家康」というテーマのブックトークを入れることで（138～140ページ参照），より積極的に学習が進められます。国語の教科書には，読書に関する単元があります。それが「読書の世界を広げよう」であれば，どの学級にもブックトークが必要になります。教科書ですすめている本を含めてブックトークを行ってください。

　あるいは，読書の時間を国語の中に位置づけて，週に1時間は学校図書館で読書をすることになっている学校や学年でしたら，教科書，年間計画の単元以外の内容を行うことも可能になります。いずれの場合も，学校司書は担任または教科の先生と事前に打ち合わせをしてください。

3 本を集めて構成する

　テーマが決まったら，それに関する本を集めます。その際，核となる本を1冊決めて，その本を中心に展開していくとブックトークがしやすくなります。その本はもちろんブックトークの語り手が全文読んでいるもので，内容がよいと判断したものにしてください。他の人がすすめていても自分が納得していない本では，どうしても説得力が乏しくなってしまいます。

紹介する本の冊数は1冊でもいいのですが，複数あるほうが心に残ります。書名を覚えてもらわなくても「あのときの魔法使いのブックトークの本」のように印象深く記憶に残ります。紹介する本はあまり多いと内容が混乱してしまいますので，小学校低学年では2，3冊，中学年は3，4冊ぐらいが適当です。内容にはあまりふれず，関連する本として表紙だけ見せて書名のみ紹介するのであれば，もう少し多くても大丈夫です。ただ先生の立場では，複数の本を次々紹介するのはなかなかむずかしいので，1冊をていねいに紹介すると効果的です。本の順序を決める際は，つながりが大切です。1冊と次の1冊がなめらかにつながるような言葉を入れると，とても聞きやすくなります。

　　ブックトークの時間は授業中でしたら，残りの時間を10分以上確保し，ブックトークですすめた本を児童・生徒が手にとって少し読める時間をとりましょう。「読みたい」と思ったときがチャンスですので，実際に読んでみてそのおもしろさを実感できます。ブックトークをして，「本はまた今度読んでください」というのは，とてもおいしい料理の香りだけ届けて，食べさせてあげないようなものです。

4 シナリオを書いて練習する

　　構成が決まったら，シナリオを書いてみます。その際，ブックトークのシナリオを書いてある本に掲載されている，実施されてうまくいった原稿をまず読むことをおすすめします。本書の目次を見て「使ってみよう」と思うシナリオを読んで，そのポイントを参考にしてください。また，タイミングよく他の人が実施するブックトークが聞けたら，参考にさせてもらいます。けれども，すべて"参考"です。ブックトークは語り手のカラーがにじみ出てきます。他の人が書いたシナリオどおりにはできません。何度も実践して自分らしいブックトークを作ってください。

　　シナリオを書くときには，できるだけ，聞き手の児童・生徒の顔を思い浮かべてください。「この言葉にあの子はどんな反応するかな？」と，児童・生徒に思いを廻らすことで，より実感のこもったブックトークのシナリオができます。

　　シナリオを書く必要はない，という考えもありますが，一度は書いてみたほうがより聞きやすいものになります。慣れてきたら書かないで，本の順序やキーワードなどをメモしたものを用意するだけでもできます。文章を読むページ，絵を見せるページには付箋をはって，すぐ開けるようにしておきます。

　　シナリオは声に出して読んでみましょう。できれば，全身，もしくは上半身が写る鏡の前で練習します。紹介する本の開き方，姿勢，視線など，チェックしてください。そして，何回か練習したら，シナリオを見ないで話すようにします。実際に行うときにシナリオを出しておくと，聞き手が聞きづらく感じます。シナリオどおりではなくその場で出てきた言葉でいいので，自分の言葉で自信を持って語れるようにします。

万が一，まちがったとしても，シナリオ原稿は誰も見ていませんから，まちがったとは思われません。その場であわてず修正してください。

5　前日までの準備

　ブックトークで使う本が決まったら，できるだけ複本（同じ本を何冊か揃えること）を用意してください。公共図書館，他の学校から借りて，一度に多くの児童・生徒が手にとって見られるようにします。同じ本ではなくとも同じ作者の本，シリーズの本でしたら他の巻を借りておきます。1クラスの人数以上の冊数を用意してください。

　ブックトークをしながら，紹介し終わった本を立てかけておく小さなイーゼル，もしくは，本を少し開けて立てておく台を用意します。教室で行う場合は，黒板の下に立てかけることもありますが，落ちているチョークの粉で本が汚れないように拭いておきます。あるいは，教卓，給食の準備をする台を使うこともできます。その際は，テーブルクロス，布などをかけるといつもと違う雰囲気作りができます。

　紹介する本のリストも準備します。書名と出版社，学校図書館の本であれば，所在を示すNDCの記号を書いて，さがしやすくしておきます。そのときに読まなくても後で探せるように，また小学生でしたら家庭に持ち帰って話題にしてもらえるように，準備をしてください。リストは小さいカードにしたり，カットを添えたり，一工夫あるとさらに楽しく親しみやすくなります。（42ページ参照）

6　当日と始まりまで

　ブックトークは，語り手の気持ちの込め方が大切です。自然に話せるように，開始前にクラスの数人とちょっと雑談することをおすすめします。授業中のブックトークは必ず全員が揃うまで待ち，始めに先生にその時間のめあてを言ってもらいます。きちんと聞く姿勢ができたら，さあ「始まり，始まり」です。

 ブックトークを成功させる秘訣

1　ブックトークの成功と失敗

　ブックトークの成功か失敗は，児童・生徒のその場の反応ではっきりわかります。
　私語もなくしんとして，目を輝かせて聞いてくれること，ブックトークの後はすすめた本を読んでくれること，この2つがそろえば大成功です。小学生なら我先にと本を借りに来てくれますし，中学，高校生は何人かが手にとって，何人か遠巻きに見ています。中には，争って借りるのは気が引けるらしく「今度，買おう」とつぶやいている生徒もいます。これを味わうとブックトークがやめられなくなるでしょう。
　では，失敗のブックトークはというと，児童・生徒は退屈して体をぐらぐらさせ足

を動かすので，椅子がぎいぎい音をたてます。私語でざわざわしてきます。そういうとき，「この学級の子は行儀が悪い」とか，「聞く力が足りない」などと言ってはいけません。明らかにブックトークを行う側の責任です。また，「ブックトークは楽しかった。でも，本は読まなくてもいい」では，ブックトークの目的が完全に達成されたとはいえません。どこがいけなかったのかよく考えて，次に生かします。

　失敗する要因としては声が全員に聞こえず，語り手の気持ちもよく伝わらないこと，あるいは，テーマを強調するあまり本の内容から離れてしまい，自分の考えを述べたり，お説教になったりしてしまうことが考えられます。テーマを力説するのではなく，本の内容を紹介してください。

2　ブックトークを成功させるには

　まず，ブックトークについて勉強してください。第2，3，4，章に紹介する学校司書によるブックトーク，第5章の先生向けのさまざまな場面でのブックトーク，関心のあるところから読んでください。巻末にはブックトークについて書かれた本を紹介しましたので，参考にしてください。最もよい勉強方法は，実際のブックトークを聞いてみることです。他の人のブックトークには自分にはない発見が必ずありますので，チャンスを見つけて聞いてください。

　次に，チャンスを見つけて何度もブックトークを行ってみることです。まず，10分ぐらいのブックトークをしてみましょう。忙しい学校で，急に「授業でブックトークをしませんか？」と学校司書から提案してもなかなかできません。まずは朝読書や朝自習の時間などに行います。先生は，1冊のブックトークから始めてください。児童・生徒を対象に実際にブックトークをする中で確かな手応えを得ることができます。

　ブックトークを行う際はすでに何度も読んである本だったとしても，直前に，もう一度読んでおくことが大切です。シナリオ原稿が頭に入っていても，実際の本を読んで自分で感動を新たに持っていること，この思いが聞き手に伝わっていきます。読み直していないと，「いろいろあります」「とてもためになる本です」という曖昧な表現をしてしまいがちです。また，「こんな本があるから，教えてあげますよ」という指導的な姿勢ではなく，本を通した仲間として，「私が大好きなこの本をいっしょに読んでみませんか？」という雰囲気で行うと心地よく伝わります。「この本は短くて，すぐに読めます」「この本は読みやすい簡単な本です」というのは，すすめるためにあまりよい言葉ではありません。筆者（渡辺）の経験では「この本は少し難しいかもしれないけれども，このクラスの人なら読めると思う」という言い方の方が意欲的に本を読むきっかけになります。クラスによって雰囲気が異なりますので，紹介して反応が悪かったらその本の話は切り上げて，次の本について話します。

　ブックトークで紹介する本は，物語とは限りません。学年が上になるほど，多くの

分野に興味が分かれていきますから，むしろ，物語以外の本も，もっとすすめていくことが大事です。しかし，ブックトークを行う人がすべての分野について詳しく魅力的に話すことは不可能ですから，物語以外の本は教科担当の先生に紹介してもらうことも入れてはどうでしょうか。本書では，数学の先生にお願いするブックトークの例が書いてあります。（145～146ページ参照）

多くの本を知っていると，それだけブックトークの内容をふくらませることができます。本についての知識を増やすためには専用のノートを作り，新聞の書評，広告，職場や研究会などで話題になった書名などを書きためておくと役に立ちます。また，読んだ本については，主人公，あらすじ，児童・生徒に伝えたいことをメモしておきます。その本について自分がどう思ったか，また自分の評価を書いておくと，ブックトークを行う際の資料になります。

児童・生徒が集中して聞くブックトークにするためには，次のようなことが一般に使われます。また本書の第2章，3章，4章では，3人の学校司書がそれぞれの経験の中で得た秘訣を書いていますので，参考にして実施しながらコツをつかんでください。

- 集中して聞けるように，児童・生徒を1箇所に集める。教室で机に向かっている場合は，机上のものを片づけさせる。
- 全員の表情を見ながら，反応を確かめて進める。
- 質問やクイズに答えてもらうことを入れ，聞き手が参加する場面を作る。
- 関係する小物，絵，写真など視覚的にとらえやすいものを入れる。
- 時間を長くとれる場合は，絵本の読み聞かせ，ストーリーテリング，朗読などを入れて，物語の世界に引き込む。

注
（1）全国SLAブックトーク委員会編　ブックトーク：理論と実践　全国学校図書館協議会　1990年
（2）特集　さあ，ブックトークを　みんなの図書館　1988年8月　No.135　33ページ
（3）渡辺茂男　ブックトークとその実際　学校図書館　1959年11月　No.109　23～25ページ
（4）特集　ブックトーク　学校図書館　1974年9月　9～48ページ
　　　特集　ブック・トークをやってみませんか　学校図書館　1984年7月　9～39ページ
（5）岡山市学校図書館問題研究会編　ブックトーク入門：子どもが本を好きになるために　教育史料出版会　1986年
（6）児童図書館研究会編　ブックトーク　児童図書館研究会　1992年
（7）学校図書館問題研究会「ブックトークの本」編集委員会編　ブックトーク再考：ひろがれ！子どもたちの「読みたい」「知りたい」　教育史料出版会　2003年
（8）高桑弥須子　学校ブックトーク入門：元気な学校図書館のつくりかた　教文館　2011年
（9）北畑博子　どこでもブックトーク：行ってみようよ本の世界へ　連合出版　1998年

(10) 京都ブックトークの会編　あなたもブックトーク　連合出版　2009年
(11) キラキラ読書クラブ　キラキラ応援ブックトーク：子どもに本をすすめる33のシナリオ　岩波書店　2009年
(12) 髙橋元夫・蔵元和子　よんでよんでトーク　1　星の環会　1995年　全3巻
　　 髙橋元夫・蔵元和子　よんでよんでトーク　4　星の環会　1997年　全3巻
(13) 東京都学校図書館協議会　東京都小学校図書館研究会ブックトーク研究委員会　小学生のためのブックトーク12か月　全国学校図書館協議会　2007年
(14) 村上淳子　だれでもできるブックトーク：「読みきかせ」から「ひとり読み」へ　国土社　2008年
　　 村上淳子　だれでもできるブックトーク　2（中学・高校生編）　国土社　2010年
(15) 鈴木喜代春　ブックトーク研究会　授業が生きるブックトーク：すべての教科で本との出合いを：小学校1年～6年生　一声社　2007年
(16) 鈴木喜代春　ブックトーク研究会　新版・授業が生きるブックトーク：児童書を使った楽しい授業指導案　一声社　2011年

Column

ブックトークの文献に見るこれまでの経過

　ブックトークはどのように受け入れられ，実践されてきたのかを知るために，1959年から2010年までの間で，毎年の文献の発表数を国立情報学研究所の学習情報ナビゲータ CiNii で調べてグラフにしました。1959年と次の1964年の文献1点はどちらも渡辺茂雄さんによるもので，『ブックトークとその実際』(1)『教室での図書推せん：ブック・トークとその周辺』(2) でした。どちらも読んでみると，子どもたちによい本をすすめたいという渡辺さんの熱い思いが伝わってきます。しかし，グラフで見てわかるように，実践してそれを発表する人は続いていません。

　全国学校図書館協議会は機関誌『学校図書館』1974年と1984年に，ブックトークの特集を組んで紹介しました(3)。グラフのその年の文献数は，それぞれの特集の中の寄稿数です。本文にも書いたように，この特集に注目したのが，岡山市の学校司書で，1986年に『ブックトーク入門』(4)を出版しました。その後，文献の発表が確実に増えていますから，この本の影響が大きかったと考えられます。

　グラフでは，2000年以降，ブックトークについての文献数はどんどん増えています。これは，2000年が子ども読書年だったこと，2001年に子ども読書活動推進法が定められたこととも関連しているでしょう。この中には，大学関係者による研究発表も含まれています。看護や福祉の分野の専門雑誌でもとりあげられています。ブックトークがさまざまな立場の人たちの研究と実践によって，広がりを見せてきたことがわかりますし，今後の発展も期待できそうです。

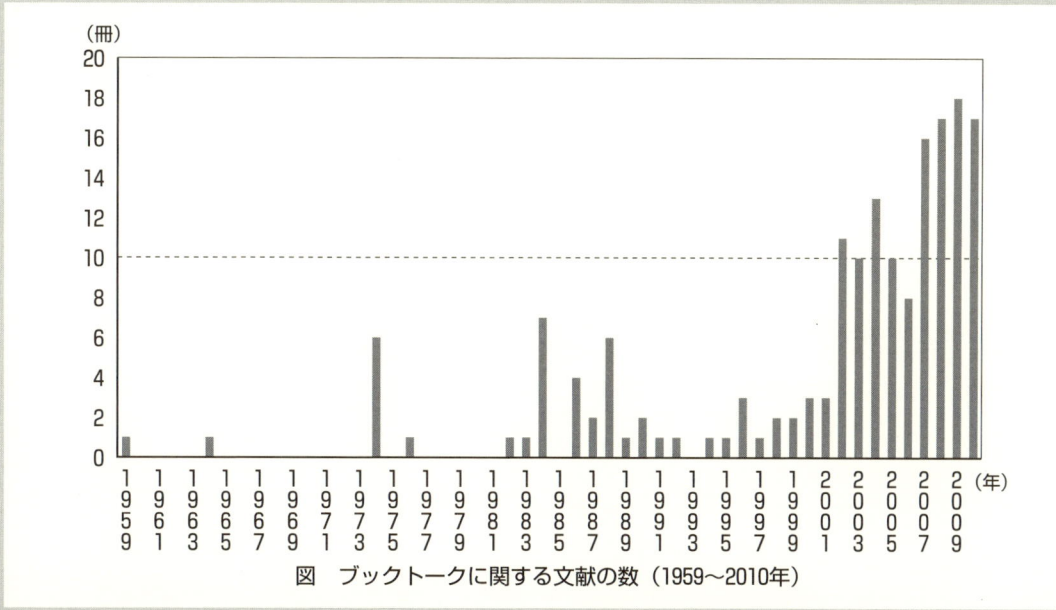

図　ブックトークに関する文献の数（1959～2010年）

注
(1) 渡辺茂男　ブックトークとその実際　学校図書館　1959年11月　No.109　23～25ページ
(2) 渡辺茂男　教室での図書推せん：ブック・トークとその周辺　学校図書館　1964年8月　8～11ページ
(3) 特集　ブックトーク　学校図書館　1974年9月　9～48ページ
　　特集　ブック・トークをやってみませんか　学校図書館　1984年7月　9～39ページ
(4) 岡山市学校図書館問題研究会編　ブックトーク入門：子どもが本を好きになるために　教育史料出版会　1986年

第 **2** 章

小学校でのブックトーク

 **1 小学校でブックトークをする意義**

　小学生は、まだ文字がよく読めない1年生入学の時期から、大人に近い感覚を持っている6年生まで、長い期間を学校で過ごします。この時期の本の出会いが将来を決定づけることもあります。読書を好きになるきっかけもたくさんあります。
　学校図書館にあっても児童からはなかなか借りられないような本や、さまざまな分野の本を読んでもらうために、たくさんのブックトークをしましょう。

1　学習とつながった空間をアピール

　小学校でブックトークを行う意義として、まずあげられるのは教科との関連です。学校は毎日、時間割にそって進められていますから、教科の学習内容と関連したテーマでまとめた本をブックトークの形で紹介すれば、各単元の目標の定着に大変役立つことは、いうまでもありません。そういった内容のブックトークを、担任の先生にも、ぜひ授業内で積極的に取り入れていただきたいものです。あるいは、学校司書に依頼していただければいいと思います。
　学校図書館には各教科の教科書を1セット配架できるとよいでしょう。予算の都合などで全教科は無理としても、せめて国語だけはそろえて、単元と関係のある資料や、読書教材としてあげられている本を集めておきます。そして、その資料を使っていつでもブックトークができるように準備をしておくとあわてません。
　これができると、学校図書館は学習とつながった空間だという意識が明確になります。児童に、学校図書館は教科とつながっている、学習の援助をしてくれる場なのだという意識を持たせるためにも、小学校でブックトークをする意義があります。

2　たくさんの共有体験を

　教科との関連だけではなく、学級全体にブックトークを聞く「共有体験」をたくさんしてもらうことによって、クラスの雰囲気を和やかにするという効果もあります。とくに、楽しさ、うれしさ、面白さというプラスの気持ちの共有体験ができれば、本に対する気持ちの壁がグンと低くなり、みんなで本に関する話題を楽しみながら、どんどん読めるようになります。
　また、筆者（小柳）は、楽しいだけではなく、児童の中に「失敗しても大丈夫」という気持ちが生まれるようなブックトークを進められるよう心がけています。児童は、高学年、中学校に向けて成長するにつれ、心のガードが、どんどん固くなります。その前に多くの失敗の体験を本の世界で経験して、また友達と共有し、打たれ強い人間に成長する手助けをしていきたいと思っています。

ブックトークをするときと場所

　多くの小学校では，低学年で週1時間の読書の時間を設けています。国語の配当時間から割り当てることが多いようです。学校司書はこの読書の時間に，ぜひ定期的に学校図書館でブックトークをしましょう。高学年になると，授業や行事に忙しくなり，調べ学習を兼ねて来館することが増えます。調べ学習の場合も学校図書館を利用せず，クラスでまとまって来るのは一年に一度，などというケースも出てきます。その場合は，担任の先生に学校図書館がどんなに便利なところかを伝えて，来館を促してください。その際，事前にブックトークを行うことを伝えて，簡単な打ち合わせをしておくといいでしょう。「出張があるからやっておいてください」というのは，受けないようにしましょう。先生にもブックトークを知っていただき，紹介した本を教室ですすめてもらうようにお願いしておきます。

　約45分の貴重な時間を，楽しく，しかも有効に使うにはどうしたらいいでしょうか。ここでは，筆者（小柳）が11年間，同じ小学校で試行錯誤した結果，作り出した方法を紹介します。クラス全員で来館した後，指定された席に本を入れるバッグを置き，本の返却手続きをします。着席してから，先生のお話の後に学校司書が挨拶をして，ブックトークを始めます。その後，ブックトークをした本を含めて貸出を行い，読書の時間になります。先生のまとめの話の後に退室します。この流れで動くと，紹介した本をすぐに借りてもらうことができ，手元に何もない状態で話を聞けるので，児童の集中力も高まります。席に座ってブックトークを聞いてもらうこともできますが，学校図書館内にカーペットや畳コーナーを用意し，そこに集まってもらうと，より効果的です。

　学校図書館での読書の時間は，ただ，本の返却と貸出，そして自由読書だけ，と思っていた児童は，大喜びでブックトークに耳を傾けます。低学年のうちに，学校司書によるブックトークの楽しさを覚えると，学年が上がっても，児童が担任の先生に「図書館に行きたいよ〜」と頼みますし，担任の先生も学校図書館での読書の時間を確保するようになります。

　でも，うちの学校は読書の時間ってないんです，ということもあります。その場合は，誰でもいいからまずはお一人，理解のある先生を見つけて学校司書から持ちかけて，10分でいいので，「隙間の時間」をもらってください。朝読書や朝自習の時間，帰りの会。授業がちょっと早めに終わったときなど。いつでもいいので，とお願いしておくのです。場所は教室にします。学校司書から出向けば，担任の先生の負担になりません。そして，約束した時間はオーバーしないことです。学校司書が積極的にブックトークをできない理由は，実施する側が「失敗したら？」と臆病になってしまう

こともありますが，担任の先生の負担になるようで実行に移せないと考えてしまうことも一因です。あまり気負わず，ちょっとした耳より話をしに行くつもりで，聞き手に楽しんでもらおうという姿勢で臨めば，短い時間でも成功します。「ブックトークって効果的ですね」という信頼を先生から得たら「読書の時間」に学校図書館で，を日常化し，さらには，授業に合わせた内容を各教科の時間に，と進めていくことができます。

ブックトークの作り方

1 本が先か，テーマが先か？

ブックトークをしよう！と思ったとき，まずは自分の頭の中を整理してみましょう。

パターン1　中心になる本を決める→テーマを決める→本を集める

パターン2　テーマを決める→本を集める→中心になる本を決める

パターン1は，「この本は○年生にすすめたい」あるいは，「○年□組にすすめたい」という本があって，その本の一番伝えたいことをテーマととらえ，そこに関連する本を加えていく方法です。たとえば『ダーウィンと出会った夏』（ジャクリーン・ケリー　作　斎藤倫子　訳　ほるぷ出版　2011年）という本を高学年に紹介したいな，と思ったときは，中心となる本が長めの文学作品なので，自然科学の本と組み合わせることにしました。テーマは「ダーウィンって誰？」としました。まずは『ダーウィン』（アリス・B・マクギンティ　文　メアリー・アゼアリアン　絵　千葉茂樹　訳　BL出版　2009年），『ダーウィンのミミズの研究』（新妻昭夫　文　杉田比呂美　絵　福音館書店　2000年），『ガラパゴスがこわれる』（藤原幸一　写真／文　ポプラ社　2007年），『NHKダーウィンが来た！生きもの新伝説大自然ふしぎ図鑑』（NHK「ダーウィンが来た！」番組スタッフ編　金の星社　2009年），『生物学　生命ってすごい！』（サイモン・バシャー　絵　ダン・グリーン　文　新美景子　訳　玉川大学出版部　2010年）を選び，さらに10分でできる内容にするため3冊に絞り，構成を考えました。加えて，導入としてダーウィンの顔がわかる資料を探し『ダーウィン進化論』（Newtonムック　ニュートンプレス　2009年）の表紙のみを使うことにしました。「この人誰だか知ってる？」と始め，メインとなる本を出して，「この本の主人公キャルパーニアは皆さんと同じくらいの年なんだけど，ある時自然観察や実験が大好きになって，ダーウィンのことも知ったんだって。今から100年以上前の女の子が主人公のお話です」と続けました。あらすじや，気になった場面，セリフなどを付け加えた後「では，ダーウィンに関係がある本を何冊か持ってきました」と『ガラパゴスがこわれる』『ダーウィンのミミズの研究』を紹介しま

した。「ダーウィンって進化論や種の起源を研究した博物学者として有名だけど，世界中を航海したり，ミミズの研究にのめりこんだりいろいろなことをしているね。そんなダーウィンに影響をうけた女の子がどんな夢を持ったのでしょうか」ともう一度メインの本の話にもどし，終了しました。

クラスによっては，選本した他のものに差し替えました。物語と科学という分野がうまく融合したブックトークになりました。

パターン2は，学校司書が決める場合もありますが，先生から依頼されることの方が多いかもしれません。たとえば「小学3年生の国語で「すがたをかえる大豆」という教材があるので，大豆についてブックトークをしてください」と依頼がありました。国語の教科書では秋に学習することになっていますが，総合学習と関連させて5月から児童が調べ学習に入るため，事前学習にブックトークをお願いしたいとのことでした。

そこでメインを『まんまるダイズみそづくり』（ミノオカ・リョウノスケ作　福音館書店　月刊かがくのとも　2004年1月号　残念ながらバックナンバー品切れ　この単元では一番児童の興味をひいたので残念です）とし，始めにすべてを読み聞かせしました。その後，『ダイズの絵本』（そだててあそぼう②　こくぶんまきえ　編　うえのなおひろ　絵　農山漁村文化協会　1998年），『とうふの絵本』（つくってあそぼう①　にとうひとし　編　たかべせいいち　絵　農山漁村文化協会　2004年），『みその絵本』（つくってあそぼう③　いまいせいいち　編　みずかみみのり　絵　農山漁村文化協会　2004年），『豆からつくる食べ物』（食べものはかせになろう！1　石谷孝佑監修　ポプラ社　2010年），『米・麦・豆』（食育にやくだつ食材図鑑5　稲垣栄洋監修　ポプラ社　2009年），『豆でつくる』（たべもの教室4　家庭科教育研究者連盟編　大月書店　1988年），『食べものの大常識』（これだけは知っておきたい32　岡田哲監修　ポプラ社　2006年）をクイズなどを交えて順に紹介しました。一時間の枠をいただいたので，この8冊で30分くらいのブックトークを作り，残った15分で，紹介した本の他，食育に関係のある資料を並べて，児童に見てもらいました。この後，児童が自分の調べたいテーマを決めていくということも伺っていたので，歴史，育て方，収穫の仕方，料理法など，テーマになりそうなキーワードをブックトークの間，何回も口にするように心がけました。

パターン1と2，どちらから始める場合も，まず，担任の先生と打ち合わせをしてください。学年，読書傾向，クラスの雰囲気，担任の先生の専門分野など，聞き手をしっかりイメージしながら構成します。同じテーマ，同じ本で何クラスかでブックトークをする場合，まったく同じようにはできません。クラスのその日の反応で，途中で変更することもあります。

以上の作り方で，なかなかテーマを決められない方はこんな方法はどうでしょうか。ブックトークの勉強会として何人かで集まり，あらかじめいくつかのテーマを書き出

します。それをくじ引きのようにして，当たったテーマについてブックトークを作ります。始めは季節に関係のある事柄から始めるといいと思います。

以下に例をあげますので，参考にしてください。

入学	お花見	たまご	憲法記念日	こどもの日
母の日	虫歯予防の日	父の日	梅雨	七夕
海の日	夏休み	敬老の日	運動会	お月見
読書週間	ハロウィン	雪と氷	お正月	お餅
チョコレート	猫	耳の日	ひな祭り	卒業

2　本（資料）の集め方と進め方

まず，自分の頭の中を検索してください。どんな本が浮かんでくるかメモしてみましょう。あるいは，今までの記録をつけている人はそれも見てください。次に，勤務する学校図書館を一周して参考になる本を見つけて，取り出してください。それから，インターネットで検索し，公共図書館や書店で本を手にとってください。最後に学校司書など，ブックトークを実施している人に相談します。

ここで1番のポイントは，まずは「勤務校学校図書館の本を熟知する」ことです。ブックトークに使いたい本で自分の学校にない本は，他から借りなくてはなりません。さらに，自校の学校図書館を冷静に眺めると，お宝本が隠れているかもしれないので，よくよく棚を見て，発掘してください。本を選んでいると，あれもこれもと目移りし，机に大量の本が積み上がることもあります。これを絞っていくのは楽しい作業ではありますが，初心者のうちはおすすめしません。時間もかかり，疲れてしまうからです。まずは，選ぶ本は5冊以内と決め，その5冊から3冊に絞る練習からはじめると負担がかかりません。この3冊を10分で行うブックトークを作りましょう。慣れてきたら冊数や時間設定を増やしたブックトークに挑戦するといいと思います。

慣れてきたら，ブックトークを作るときは，結果的には無理だったとしても，日本十進分類法（NDC）の分類すべての本を入れたいという気持ちで臨みます。広い視点で選ぶことができるからです。ブックトークの回数を重ねているうちに，一冊の本を読むたびに「あ，これは，あの本と組み合わせると楽しいぞ」と自然に考えるようになります。ひらめいたことを記録しておいて，ブックトークを考えるときの参考にしてください。日本十進分類法（NDC）については，巻末の資料1を参照してください。

3　シナリオをつくる

　　本が決まったら，シナリオを作りましょう。約3000字で10分位のシナリオが書き込めますので，目安にしてください。詳しい例は28～49ページをご参照ください。すべてシナリオ通りにいくとは限りませんが，作っておくと安心ですし，後に振り返ったり，もう一度ブックトークを行うときの資料としても役立ちます。反省点も記入しておきます。「失敗は成功のもと」次回，改良していけば，もっと納得のいく聞きやすいブックトークができます。また，ブックトークに興味がある者同士でシナリオを交換できます。10人と交換すれば，あっという間にブックトークのネタが増えることでしょう。

4　配布資料を作る

　　ブックトークの内容を児童に知らせる資料は必ず作成しましょう（テーマ④の後「本のてがみ　特別版」42ページ参照）。紹介した本の題名，作者，出版社，発行年や，学校図書館のどの棚にあるか，などをまとめ，終了後に配布します。時間内にはとりあげられなかった同テーマの本について，ブックリストにまとめて紹介すると，児童の興味もより一層深まります（42ページ参照）。

　　その際，リストにある本はどこにあるのか（自校にあることが理想），すぐに借りることができるかをはっきり記し伝えると，児童が安心して本に向かうことができます。

5　いよいよ実践

　　まずは，導入です。初対面の場合はにっこり笑って，「１年１組のみなさん，こんにちは！」と，クラス名を間違えずに必ず言いましょう。この一言がうまくいくと，自分の緊張が解け，聞き手に対して急に親しみがわき，お互いの距離が縮まるから不思議です。自分の名前もはっきり告げます。年度初めは，自己紹介を入れると，楽しい関係が作れます。「私の名前は小柳です。いつでもこの学校図書館にいますので，本のことなら何でも相談に来てくださいね」あまり長くすると間延びしますから，ほんの一言だけ加えるのがポイントです。ブックトークという言葉がまだ聞き慣れない学級，学年もありますので，これから始めるブックトークとはどんなものなのかを説明をすると，児童が納得をして話に興味を持ってくれます。はじめに，時間の目安を告げると，児童は落ち着いて話を聞いてくれます。

　　そして，作りあげたシナリオを思い出しながら，児童の様子にあわせてブックトークを行います。あくまで，主役は本と聞き手ということを忘れないようにしましょう。自分の意見や感想を押しつけるような形にならないように気をつけます。話し終わった後のまとめの中では，聞いてくれた児童に感謝の気持ちを素直に伝えます。すると，児童からも自然とお礼の言葉が返ってきて，好い気分で本を借りてもらえます。

6　ブックトークのコツ，心がけること

① 年度初めに

　マル秘ファイルを作ります。全クラスの名簿をもらい，児童の生年月日を記入しておきます。ブックトークをする前には実施クラスの名簿を見て氏名を確認し，その日が誕生日の児童がいたらチェックしておきます。ブックトークの最中に誕生日にふれられるようなら話題にします。

　このファイルには，1年間で各児童と話題になった出来事や，読書傾向などを書き加えて，ブックトーク作りに生かします。年度が終了したら，個人情報部分は切り離しシュレッダーにかけます。残った部分は，学年毎にファイルしていきます。

　こうすると，同じ学年でも年によって違った読書傾向があることがわかります。児童が6年生になったとき，もし勤務校が変わっていなければ，1年生のときに流行った本についての話題を導入に使うこともできます。

② 雰囲気づくり

　ブックトークをしているときに，ちょっと変わった発言が出ることがあります。その発言も受け入れるようにし，誰かがからかっても，嫌な雰囲気にならないように心を砕きます。みんなで楽しく笑い飛ばせるように持っていけたら成功です。質問をたくさんしたがる子，自分の意見を言いたくなってしまう子がいた場合は，「だめ」とは言わず，「あとで，ゆっくり先生（学校司書）に教えてね」と言って静かにさせてください。そして，言葉どおり，休み時間などによく話を聞いてください。

③ 趣向を凝らす

　ブックトークはあくまで本が中心です。本より紹介者の方が目立つようでは本末転倒です。けれど，ときには服装などに趣向を凝らしてみましょう。

　たとえば，『でこちゃん』（つちだのぶこ作　PHP研究所　1999年）を紹介したときは，思い切ってイチゴのピン留めをしておでこを出してみました。また，鮭や海の生きものの本を紹介するときは「フリズル先生のマジック・スクールバスシリーズ」（ジョアンナ・コール作　岩波書店）のフリズル先生のように，魚だらけのプリントが施されたポロシャツを着ました。児童は案外そのことで騒いだりしません。こちらからも言いません。すると，ブックトーク終了後に何人かの児童が「あのね，今日の先生ってでこちゃんと同じ髪型だってわかってた」と耳打ちで教えてくれました。

④ セッティング

　自分が立つ（または座る）位置や紹介した本の置き場所など，セッティングをしっかりします。とくに教室で行う場合は，児童のプリントや健康観察板などが教卓の上に重ねられていることがありますので，事前に片付けておくようにします。また，教室で行う場合は児童の机上にも何も置かない状態にしてからブックトークを始めます。低学年では，「机の上を広場にしてください」と言うと楽しい雰囲気になります。

⑤　時間厳守

　とにかく時間厳守。朝読書の時間に実施する場合は，チャイムと同時に終わると，児童が「おお！」と感動してくれます。とくに，朝読書の後は，1時間目ですから先生は教科の予定を立てています。教科書が厚くなって学習内容も増えていますから，限られた時間で授業を進めなければいけません。1時間目に食い込まないように，さっと教室を失礼しましょう。

⑥　本の運び方

　5冊くらいまでならバッグ，それ以上ならおしゃれな箱やかごに本を隠し，直前まで，児童に見えないようにしましょう。ブックトークは次の本が出てくる瞬間がとても楽しいのです。「その本につながったのか」と先生も児童もびっくりさせるのも学校司書の腕の見せ所です。

⑦　付箋の活用方法

　重要な言葉，年代，数字，登場人物の名前などを間違えずにはっきり言うと，ブックトークがひきしまります。「ええっと，なんだっけ？　ちょっと待ってね」などと本の中を探したりすると集中しなくなります。付箋にメモして裏表紙に貼っておくと，ブックトークの際チラッと見やすく，落ち着いて，はっきり話せます。

⑧　話す速さ

　自分ではゆっくりすぎると感じる速度で話します。そうすると聞き手からはちょうど良い速さになります。ブックトークをしながら，児童，一人一人の表情をよく見てください。うなずきながら，また何か反応しながら聞いていたら，聞きやすい速さです。ブックトークが終わってから，いっしょにいた担任の先生に「話す速さはどうでしたか？」と聞いてみると，よくわかります。

⑨　ブックトーク後，本を借りられるように

　ブックトークを聞かせただけ，本を読めるように準備しないで終わり，とならないようにすることが大切です。自分の本を使う場合は，ブックトーク後に個人的に貸すようにします。

⑩　目標をたてる

　自分がどのように，どんなブックトークをしていきたいかという目標を立てるといいです。たとえば筆者（小柳）は，「3冊10分のブックトークなら毎日できるようになる」，加えて「小道具も使わず，服装もかえず，呼ばれたら本を3冊持ってどこのクラスへも行ける」という所までがんばりたいという目標を立てています。内容は一人一人違っていいと思いますが，到達目標の有無でモチベーションが変わると感じています。

④ ブックトークの楽しみ

　紹介した本に，わっと集まる児童。次々と借りられていく本たち。感想を口々に語る児童。こんな状況を一度でも体験すると，やめられなくなるのがブックトークです。一番楽しくて，うれしい瞬間です。筆者（小柳）は元々人前で話すことが苦手で，緊張する性格でした。けれども，充分な計画を練り，いろいろな方に相談し，練習を重ねていくうちに，不安が一つずつ解消されていきました。

　14年間経験を積んだ今では，いざ本番に臨むとき，本を手にした途端，楽しさが湧き上がってくるような気がします。それは，ブックトークの回数を重ねて，多くの本を読んできたので，紹介する本の力を確かに信じることができるようになったからだと思います。

　ある小春日和の5時間目，学校図書館で小学2年生に「海の生き物」のブックトークをしました。児童の個人読書時間をとってから，まだ時間が残っているので，最後に，「もう一回お話聞く？」と声をかけると，筆者（小柳）が腰掛ける椅子の前に，すぐに扇状に児童が座りました。はじめのブックトークでは紹介にとどめた『コバンザメのぼうけん』（灰谷健次郎　村上康成　童心社　1996年）を読むことにしました（注：ブックトークは，紹介ばかりではなく，全文を読み聞かせることもあります）。「みんな，これはちょっと長いけど大丈夫かな？」と聞くと快く受け入れてくれました。さっきブックトークをしたときよりも，児童との距離が近い，と感じました。位置も心も。そして，はっと気づくと一人の女の子が，私の膝に頭をのせて，スヤスヤと眠っていました。他の児童もうつらうつらしています。私がコバンザメの「ぼく，とろりん　とねむくなった」というセリフを読んだ直後の出来事でした。児童は給食後でおなかはいっぱい，今日の最後の授業でもあり，そのうえポカポカと暖かい部屋。いろいろな条件が揃ったからでしょうか。筆者が「おやすみ」と静かに読むと，全員が，ぽーっとしながら「おやすみ」と答えました。15分程かかって読み終え，チャイムが鳴りました。児童は魔法が解けたかのように，はっと目を覚まして，きちんと挨拶をして帰って行きました。小学校低学年ならではの，こんな楽しいひとときもあります。

　『ペンギンのヒナ』（みつけようかがく　ベティ・ティサム作　ヘレンK.デイヴィー絵　福音館書店　2008年）という本をブックトークで紹介するときには，楽しい演出をしたことがありました。「ペンギンのようにあるいてみよう！」を筆者（小柳）がやってみることにしました。生のじゃがいもを卵のかわりに見立てて，くっつけた足の上にのせます。そしてペンギンのお父さんの真似をして歩くのです。畳コーナーに座っている児童の輪に入り，そろそろと歩こうと思ったら，後ろにひっくり返ってしまいました。わあ，難しいなあ，足もつったし……。児童はびっくりして大爆笑です。次の

クラスからは，あらかじめ二人の子に両脇をサポートしてもらうことにしました。その後，試してみた児童の方が筆者より上手だったことはいうまでもありません。このように，本の中にある楽しそうなヒントは逃さず，児童の気持ちになって挑戦することにしています。こうした体験を積み重ねていくうちに，自然科学の本も，社会科学の本も大好きになり，ブックトークで取り入れるようにしています。

写真2-1 「やったぁ！」クイズに正解して笑顔の児童

写真2-2 「えっ，どこどこ？」本をよく見ようと身をのりだす児童

実践例

テーマ1　野菜・果物，どれも食べたいな

【設定理由】
　物語以外の作品に親しみ，絵本から調べ学習の基本を学んでもらいたい。
【対象学年】小学校1～4年生
【時間の目安】30分
【実施するとき】国語（読書）

紹介する本

❶『やさいのおなか』
きうちかつ 作／絵
福音館書店　1997年

❷『やさいのせなか』
きうちかつ 作／絵
福音館書店　2005年

❸『やさいのずかん』
小宮山洋夫 作
岩崎書店　1989年

❹『くだものなんだ』
きうちかつ 作／絵
福音館書店　2007年

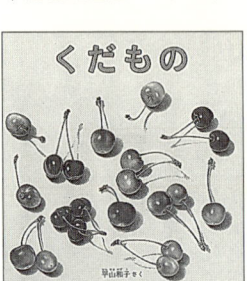

❺『くだもの』
平山和子 作
福音館書店　1979年

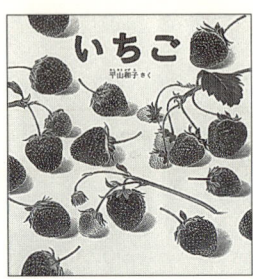

❻『いちご』
平山和子 作
福音館書店　1984年

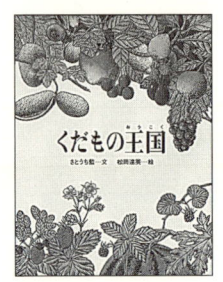

❼『くだもの王国』
さとうち藍 文
松岡達英 絵
岩崎書店　1987年

❽『町の水族館町の植物園：
さかなやさんとやおやさん』
小林亜里 文
三柴啓子 絵
福音館書店　1995年

● シナリオ ●

担任（T）　学校司書（L）　児童（S）（テーマ②以降も同様）

T：みなさん，おはようございます。今日は図書の先生にブックトークをしていただきます。では，お願いします。

L：それではよろしくお願いします。この中で「ブックトーク」という言葉を聞いたことがある人はいますか？　ブックは英語だけど，日本語にすると？

S：本〜！

L：正解。じゃあ，トークは？

S：話す！

L：すごいね，正解です。ブックトークは「本について話すこと，本の紹介をすること」です。あと「ブックトーク」は，ただ本の紹介をするだけではありません。テーマを決めて本を選んで紹介するという大切な決まりがあります。そんなことを，頭のどこかにいれておいてもらって，さあ，1冊めの本はこれ，『やさいのおなか』です。（題名と作者をしっかり告げて，ページをめくる）「これ　なあに」（白黒で描かれたレンコンのページを見せる）

S：レモン！

L：あれ？　題名に「野菜」ってあったよね。（全員楽しく笑う）

S：レンコン！

L：はい，正解。（カラーのページを見せる）では，次は，「これ　なあに」
　　（キャベツのページを見せる）

S：人間！

L：人間は野菜かな？

S：キャベツ！　あっ周りの線がキャベツの色をしてるよ！

L：正解。すごい所に気がついたね。この本は，1997年にできたものですが，その後，こんな仲間の本が出ています。
　『やさいのせなか』です。『やさいのおなか』が気に入った人には，こちらもおすすめです。
　この本では，野菜の上に紙をのせてこすった「野菜の背中」がたくさん紹介されています。たとえばトウモロコシ（ページを見せる）たとえばメロン（ページを見せる）などです。メロンは二色になっていて面白いね。私もあるときおいしいメロンをもらったので背中をうつして見ました（実物を見せる）。みなさんも，この本を読んだらぜひ，いろいろな背中をうつしてみてくださいね。
　さて，次の本はこれ『やさいのずかん』です。この本は，ちょっと見ると絵本のように見えますが，野菜についていろいろ調べることができる図鑑です。みんなさっきの『やさいのおなか』の中に好きな野菜はあったかな？

S：きゅうり！

L：では，きゅうりがこの本のどこに載っているかをまず調べてみよう。索引って知っているかな？
　この本には最後に「さくいんとかいせつ」というページがあります。五十音順，あいうえお順にたくさんの野菜の名前が載っています。
　きゅうりは，あ，い，う，え，お，か，き……だから，ここにあったよ。ウリ科の一年草なんだね。10，12，16，18，20，24ページに書いてあるって。では，10ページを開くと……。

S：わっ種ばっかり！

L：ここは，いろいろな野菜の種が紹介してあるんだね。じゃあ，16は……。

S：今度は葉っぱばっかりだ。
S：そうかあ、種類ごとじゃなくて、部分ごとに書いてあるんだ！
L：ほんとだね、よく気づいたね。ここは、花。ここは、実だね。（ほかのページも開いていく）きゅうりは、ちゃんと「おなか」がわかるように書いてあるよ。写真は一枚もない本だけれど、みんなが野菜を育てるときにとても役に立つ本ですね。このような絵本図鑑シリーズはほかにもあるので、今度図書館で探してみてください。
　次は、みなさんの大好きな果物の本です。『くだものなんだ』。『やさいのおなか』と同じ作者が、果物の本も作ってくれました。（題名と作者をしっかり告げて、ページをめくる）これ　なんだろう？（白黒で描かれたかきのページを見せる）
S：本当にペンギンの顔みたいだ！
L：まだまだ、たくさんの果物が紹介されているよ。あとでゆっくり読んでみてね。（裏表紙を見せた後、もう一度表紙を見せる）
　では、次に紹介するのは『くだもの』です。（すべて読み聞かせる）おいしそうな果物がたくさんあったね。（学年があがっても、食べる真似をする児童がいる）
　〈低学年で時間がない場合は、ここまでを15分でできます〉
　さて、問題です。この本に出てきた果物の中で、私が一番好きなものはどれだったでしょうか？
S：メロン！
L：残念。この本にはのっていないね。
S：いちご！
L：はい、正解。私は小さい頃からいちごが大好きなんだけど、そうしたら、同じ作者が書いているこんな本も見つけました。見つけたときはうれしかったなあ。『いちご』です。（はじめの、葉しかない場面を開いて）「わたしはいちごです」ってほんとかな？　これを見ただけでいちごってわかる？
S：わかるわかる、うち、いちご作ってるもん。
L：そうかあ、すごいね。（すべて読み聞かせするかしないかは、その場の雰囲気で決める）こんな風に、一冊の絵本で、果物の一生がわかるなんて楽しいね。では、次はこんな本を用意しました。
　『くだもの王国』です。先に紹介した『やさいのずかん』は索引で調べましたが、これは目次で知りたい果物をさがします。（目次を開く）
S：わあ、いいなあ。こんな木ほしい！
S：こんなのあるわけないじゃん、嘘だよ。
L：いい木だねえ。この木になっている果物がこの本で説明されています。
S：でも、絵にあっても名前が書いてないのがあるよ。それはのってないんじゃないの？
L：あとで、じっくり見てみて、のってない果物があったら、教えてね。じゃあ、今は、何を調

べてみようか。
S：いちご！
L：いちごは，6〜7ページって書いてあるね。では……（ページを開く）
　　この本では，見開きでいっぺんにわかるように説明が書いてありますね。左上の数字の棒は，一年をあらわしていて，花の咲く時期や，実ができる時期がわかるね。自分が好きな果物について，あとで調べてみてください。では，最後の本を紹介する前に，クイズです。町の植物園，って言ったらどこだろう？
S：公園？　花屋さんかな。
S：八百屋さんだよ！
L：その通り。すごいね。今は，みんなスーパーでお買い物をすることが多いと思うのだけれど，この本を読むと，八百屋さんに行ってみたくなるよ。（本を出す）
　　『町の水族館町の植物園』です。八百屋さんの様子がよくわかりますね。（30，31ページを見せる）
　　みんなは，旬という言葉は知っているかな？　今は，一年中いろいろなものが食べられるけれど，実は食べ物には，一番おいしい季節が決まっています。この本はそんなことも教えてくれるよ。このページを見ると季節の野菜を食べたくなりますね。（44，45ページを見せる）お店の人への質問コーナーもあります。八百屋さんって，何時に起きているのかな。知りたい人は，あとで確認してみてください。（いくつか，質問と回答を読んで時間調節ができる）この本には，八百屋さんだけでなく，町の水族館ともいえる魚屋さんも出ています。
　　さあ，何冊か本を紹介してきましたが，今日のテーマはなんだったかわかるかな？
S：野菜と果物！
L：大正解。では，今日はこれでおしまいです。ありがとうございました。

★ ワンポイントアドバイス

　このブックトークを行った後，目次や索引のある本を集め，カウンター前など目につく位置にコーナーを作ると，1年生でもいろいろな調べ遊びをする姿がありました。これをきっかけに低学年のうちから，辞書，図鑑などの使い方の授業を司書教諭の先生，担任の先生とのＴ・Ｔ（ティーム・ティーチング）で行うこともおすすめします。

テーマ2　「黄色いバケツ」ときつねの子シリーズ

【設定理由】
　ブックトークを通して，教科書で学習した物語にシリーズがあることを知り，興味を広げて読んでもらいたい。

【対象学年】小学校2年生

【時間の目安】30分（個人読書時間も入れると90分）

【実施するとき】国語

【準　備】
　国語教科書（光村図書出版）に出ている「きつねの子」のシリーズを人数分（5テーブルに巻毎に並べておく）　布（テーブルに置いた本の上にかけておく）　ディスプレイ（児童が物語に入りやすいようにする）

紹介する本

❶『きいろいばけつ』
もりやまみやこ　作
つちだよしはる　絵
あかね書房　1985年

❷『つりばしゆらゆら』
もりやまみやこ　作
つちだよしはる　絵
あかね書房　1986年

❸『あのこにあえた』
もりやまみやこ　作
つちだよしはる　絵
あかね書房　1988年

❹『ぼくだけしってる』
もりやまみやこ　作
つちだよしはる　絵
あかね書房　1987年

❺『たからものとんだ』
もりやまみやこ　作
つちだよしはる　絵
あかね書房　1987年

● シナリオ ●

T：この前，みんなは，国語の時間に，「黄色いバケツ」を読みましたね。きつねの子の真似をして，気持ちを想像したりしてみました。
　　今日は，図書の先生にいろいろな本を紹介してもらうので，よく聞いてください。では，ブックトークをお願いします。

S：お願いします。

L：お願いします。みなさん，こんにちは。今日は2年生のみなさんにブックトークをします。
　　今，先生がおっしゃっていましたが，国語で「黄色いバケツ」という物語をお勉強したそうですね。
　　実はそのお話，こんな風に本になっているんです。（本を出して）
　　『きいろいばけつ』だよ。（教科書と並べて見せ）さてこの本，教科書と同じお話なんだけ

ど，教科書とは，ちょっと違う所があると思います。どこかわかるかなあ？
S：ちょっと，色がちがうよ。
S：字が大きい！
S：大きいだけじゃないよ。あれ，ひらがなばっかりだよ！
L：そうそう，よく気づいたね。題名全部が平仮名だねえ。実は，中を開いてみてもそうなんだよ。
　　挿絵も違うものがあるよね。もう，お話の内容は知っていると思うけど，本で読むとまた違った発見があるかもしれないので，ぜひ手に取ってほしい1冊です。それでね，この物語は「きつねの子」シリーズという形で，今までに5冊つくられています。
　　2冊めはこれだよ。『つりばしゆらゆら』です。きつねの子はあるとき，長ーいつり橋を見つけます。そして，向こうから来たイノシシのおじさんに，つり橋のあちら側にはきつねの女の子が住んでいると教わるの。自分と同じきつねの子に会いたくて，橋を渡ろうと挑戦するんだけど，どうしても渡り切ることができなかったんだって。この中に，つり橋を渡ったことがある人はいますか？
S：あるよ，怖くて目をつぶって渡ったよ。
L：私は高い所が苦手だから，きつねの子の気持ちがよくわかりました。
　　この2巻を読んだ子ども達から，作者の所に「早く橋を渡らせてほしいな」「女の子と会えないのかな？」というお手紙が，たくさんたくさん届いたそうです。それでね，こんなお話が生まれたんだそうですよ。
　　『あのこにあえた』です。これが「きつねの子」シリーズ5巻目，最後のお話になった訳なんだけど，こんな風にみんなのように物語を読んだ人達の思いが，一冊の本になることもあるんだね。
S：どうしよう，わたし，まちがえちゃいました。シリーズって知らなくて，『あのこにあえた』の方を先に読んじゃった。
L：大丈夫だよ。今日はブックトークだから，本の順番を言っているけど，本の読み方はその人次第。読む順番も自分の好きでいいんだよ。それは，このシリーズでなくても同じです。もちろん，1巻から読んだ方がお話の流れがちゃんとわかるシリーズもたくさんあるけれど，読書に「間違い」はないからね。どうか，気にしないでね。
S：よかった！　わかりました。
L：さて，この『あのこにあえた』ができる前に書かれたのがこの2冊です。
　　まずは『ぼくだけしってる』です。『きいろいばけつ』と同じようにきつねの子のこんすけやお友達のくまの子，うさぎの子が出てきます。ところで，みんなは，漢字で数を書ける？　実は，この『ぼくだけしってる』の中では，あるときくまの子が地面に字を書いて遊ぼうって言ったの。でも，きつねの子は，字をあまり知らなくてね。くまの子が，一，二，三，と書いたから，四は一を4つ書くのかなあと思って，地面に書いてみたら，みんなに笑

われてしまったんだ。
S：かわいそう……
L：でもね，そんなきつねの子だけが知ってることがあるんです。それが何だか気になる人は，『ぼくだけしってる』に書いてあるよ。
　さて，またまた質問です。みんなには宝物がありますか？
S：あるある！
S：ぼくもあるよ！
S：私もあるよ，あのね……！
L：たくさんあるんだね。ありがとう。もっとみんなのお話聞いていたいけど，本の紹介に戻りますね。宝物のお話はブックトークが終わったらぜひ聞かせてくださいね。では，今日最後に紹介するのは『たからものとんだ』です。この本では，くまの子やうさぎの子が宝物の見せ合いっこをしています。でも，きつねの子だけが，お友達に宝物を見せることができませんでした。
　さて，それはどうしてなんでしょう？　気になる人は本を読んでみてね。
　シリーズになっているお話は，全部読んでみると，自分がその世界に入って，登場人物とお友達になれるような気がするよ。
　これで，今日のブックトークはおしまいです。
　国語で「黄色いバケツ」をお勉強したみんなに，きつねやくまやうさぎの子がでてくる「きつねの子」シリーズの物語を紹介しました。
　さあ，みなさん，うしろのテーブルを見てください。
T：（本にかぶせてあった布をはずす）
S：すごーい，本がいっぱいだ！
L：今日は，みんなの人数分の「きつねの子」シリーズの本を用意しました。この後，ぜひ好きなものから読んでくださいね。
　では，ありがとうございました。
S：ありがとうございました。

★ワンポイントアドバイス

　国語の教科書にある単元のめあては【「伝えたい・聞きたい」という思いを持って物語を味わう】です。8時間扱いの学習で4・5時間目に行いました。教科書で「黄色いバケツ」の読み取りをした後に行うことがポイントです。また，単元の最後の授業では「きつねの子」シリーズ以外の6種類ほどのシリーズ本のブックトークをし，その後の朝読書などで紹介された本を読む機会を設けました。シリーズ本という観点を知らせることで，児童の読書に広がりが出ました。

第2章 小学校でのブックトーク

テーマ3　どんなはたらくのりものあるかな？

【設定理由】
　教科書で3種類の自動車について「働き・つくり」の関係を考えながら，内容の大体を読みます。「はたらくのりもの」について書かれた本がたくさんあることを知り，自分で読めるようになってほしいというめあてに協力したい。

【対象学年】小学校1年生

【時間の目安】30分（個人読書時間も入れて45分）

【実施するとき】国語

【準　備】
「はたらくのりもの」に関係する本を人数分×2　ブックトラック　布　はたらく車のおもちゃ（ここでは「しょうぼうじどうしゃじぷた」の模型）　指人形（消防士など）

紹介する本

❶『スモールさんののうじょう』
ロイス・レンスキー　文／絵
わたなべしげお　訳
福音館書店　2005年

❷『ちいさいしょうぼうじどうしゃ』
ロイス・レンスキー　文／絵
わたなべしげお　訳
福音館書店　1970年

❸『しょうぼうじどうしゃじぷた』
渡辺茂男　作
山本忠敬　絵
福音館書店　1966年

❹『ひこうじょうのじどうしゃ』
山本忠敬　作
福音館書店　1994年

❺『ブルくんダンプくん』
谷真介　作
山本忠敬　絵
偕成社　1982年

❻『はたらきもののじょせつしゃけいてぃー』
バージニア・リー・バートン　文／絵
いしいももこ　訳
福音館書店　1978年

❼『マイク・マリガンとスチーム・ショベル』
バージニア・リー・バートン 作／絵
いしいももこ 訳
童話館出版　1995年

❽『いたずらきかんしゃちゅうちゅう』
バージニア・リー・バートン 作／絵
むらおかはなこ 訳
福音館書店　1961年

❾『きかんしゃやえもん　改版』
阿川弘之 文
岡部冬彦 絵
岩波書店　2001年

● シナリオ ●

T：みなさんは，国語の時間に，クレーン車やトラックなどたくさんの働く乗り物についてお勉強しましたね。今日は，図書の先生に乗り物の本を紹介してもらいます。楽しみですね。

L：今日は，何冊かの乗り物の本を紹介します。30分くらいで終わるので，聞いてくださいね。
　　まずは，ご挨拶代わりに，一冊読みたいと思います。
　（『スモールさんののうじょう』を読み聞かせする）スモールさん，とっても働き者ですね。スモールさんが働くときに，よく使っていた車って何だったかな？

S：トラクター

L：正解です。さて，今読んだ本に出てきたスモールさん。他にも7冊のシリーズがあります。それでね，スモールさんは『ちいさいじどうしゃ』という本では，赤い素敵な自動車に乗っています。『ちいさいヨット』ではヨットに乗っているし，飛行機にも機関車にも乗ります。こんな仕事もしちゃうんです。（消防士の指人形をはめて見せる）さあ，この人形，何の仕事をしている人かな？

S：消防士さん，火事を消す人

L：はい，正解です。（『ちいさいしょうぼうじどうしゃ』を見せながら）ここでのスモールさんは消防士さんです。この本では，消防自動車の部品の名前なども詳しく説明してあるよ。みんなは，他に消防自動車が出てくるお話って何か知ってる？

S：じぷた！

L：そうだね。そういえば，みんなはこの前，『のろまなローラー』とこの本をボランティアのお母さんに読み聞かせしてもらったんだってね。
　（『しょうぼうじどうしゃじぷた』を見せる）では，私からみんなへ挑戦状です。受け取ってくれるかな？　これからこの，じぷたの本についてクイズを出すよ。答えられるかな？
　　では，問題です。じぷたは，3台の働く自動車といっしょに住んでいます。誰だかわかるかな？

S：いちもくさん。

L：おっ，正解。いちもくさんってどんな車？

36

S：救急車。
L：おっ，正解。他には？　はしご車がいましたが，名前は，のっぽくんだね。では，あと1台。（絵を見せながら）これは高圧車っていうんだって。

　　名前は？　せーの
S：ぽんぷくん
L：はい，正解。あれ？　誰か，ぽんぷくんって言ったかな？　確かに，ポンプって，水をくみあげるからね。似てるね。では次の問題。じぷたは，元はどんな車でしたか？

写真2-3　じぷたの模型

S：ジープ。
L：すごい！　よくわかったね。正解です。じゃあ，最後に間違い探しゲームです。（ナンバープレートの数字を変えたじぷたの模型を出し児童に見せる）このじぷた，本物とどこが違うかな？（さまざまな意見が出る。のびのびと発言しやすい雰囲気にする。）
L：正解は，このナンバープレートでした。わかった人すごいね。では，じぷたの本はこれでおしまい。一回読んだことがある本でも，お友達やお家の人とクイズの出しっこなんかをすると面白いね。

　　次に紹介するのはこんな2冊，『ひこうじょうのじどうしゃ』と，『ブルくんダンプくん』です。（2冊を並べて見せる）
S：同じ絵だ！
L：はい，よくわかったね。ほら，ここ（表紙の，「山本忠敬　絵」を指す）やまもとただたか，って書いてあるの。同じ人が絵を描いているのでぜひ後で，比べてみてね。
S：え〜っ。すご〜い。
L：では，次に外国の人が書いた乗り物の本を紹介しましょう。

　　『はたらきもののじょせつしゃけいてぃー』です。はじめに読んだ本に出てきたスモールさんは，どんな働く乗り物に乗っていたっけ？（正解は「トラクター」）そうだね。このけいてぃーもトラクターなんですよ。

　　（2つ並んでいるページを見せて）夏には，部品をつけてブルドーザーになって，冬には，違う部品をつけて，雪をかきのける除雪車になるんです。（雪一面のページを見せて）冬になって，雪がたくさんふって，町のどこも真っ白になるくらいふって，何もかもがお休みになったとき，（ページをめくり）けいてぃーだけが働いています。（絵を順にゆっくり見せる）ほんとに，働き者ですねえ。次はこれ『マイク・マリガンとスチーム・ショベル』です。みんなスチームショベルって知ってる？　煙をもくもく出して働いているショベルカーなんて見かけるかな？　古くなって仕事がなくなったスチーム・ショベルのメアリ・アン。新し

い仕事は見つかるかな？　同じ作者が機関車の本も書いてるよ。この『いたずらきかんしゃちゅうちゅう』です。あるところに，ちゅうちゅう，という小さなすてきな機関車がいました。客車や貨車をひいて小さな町から大きな町へ運びます。ところがある日，ちゅうちゅうは客車や貨車をおいて，ひとりで走ってみたくなりました。「ちゅうちゅう　しゅっしゅ！」と勝手に走りだしたちゅうちゅうは，いったいどこまで行ってしまうのでしょうか？

　そして最後に日本の機関車のお話を紹介します。『きかんしゃやえもん』です。主人公のやえもんは，田舎の町の小さな機関車です。長い間がんばって働いてきたのに，年をとったやえもんを，電気機関車たちは「石炭くい」と言って笑うのです。怒ったやえもんが，煙といっしょにはきだした火の粉が田んぼを火事にしてしまいました。古くなったやえもんは壊されそうになります。やえもんはどうなってしまうのかな？

　では，これで「はたらくのりものの本」についてのブックトークを終わります。長い時間，よく聞いてくれたみんなはすごいね。それでは，残りの時間で，紹介した中から，好きな本を選んで読んでね。（ブックトラックにかけておいた布を外す）みんなの人数分の本をちゃんと用意してあります。よく，聞いてくれて，ありがとうございました。

T：みなさん，上手に聞けましたね。先生も小さいころ，『いたずらきかんしゃちゅうちゅう』を読んだことがあるので，懐かしくなりました。（一言，感想を言っていただく）では，これから本を選んで読みましょう。班の順番に選びに来てもらいます。

★ワンポイントアドバイス

　国語の授業では7時間扱いの学習単元でした。その最後に，楽しい発展として行います。児童は働く乗り物についての調べ学習を終え，いろいろな乗り物の働きを知っているということがポイントです。

　さらに，ブックトーク実施の何日か前に関連する本の読み聞かせをボランティアの方（または担任の先生）にしていただき，その話題を出すことで児童との会話がもりあがります。

第2章 小学校でのブックトーク

テーマ4　昔話「あれっ？　そんな話だったっけ？」

【設定理由】
　小学生の間に，昔話を伝え，そのおもしろさに気づかせる場を持ちたい。
【対象学年】小学校4～6年生
【時間の目安】①40分　②20分
【実施するとき】国語（読書）

① つるのおんがえし

紹介する本

❶『バナ天パーティー』
杉山亮 作
おかべりか 絵
講談社　2009年

❷『つるのおんがえし』
長谷川摂子 文
なかがわまさこ 絵
岩波書店　2004年

❸『つるのおんがえし』
松谷みよ子 文
いわさきちひろ 絵
偕成社　1966年

❹『つるにょうぼう』
矢川澄子 再話
赤羽末吉 画
福音館書店　1979年

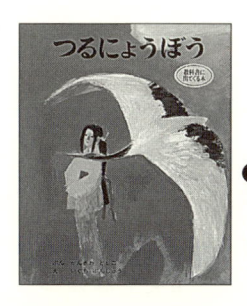

❺『つるにょうぼう』
かんざわとしこ 文
いぐちぶんしゅう 絵
ポプラ社　1967年

● シナリオ ●

T：今日の読書の時間は，図書の先生にブックトークをしていただきます。では，よろしくお願いします。

S：お願いします。

L：こんにちは。では，まずこんなお話を聞いてください。みなさんは「にゃんにゃん探偵団」シリーズや「用寛さん」シリーズなどをよく借りてくれますね。この学校図書館においてある「おはなしめいろ」も大人気です。そんないろいろなお話を作っている作家，杉山亮さんから聞いたお話です。（『バナ天パーティー』より「二階の変な客」をストーリーテリング，または，読み聞かせをする。本は，話を終えてから紹介する。15～20分）

39

おしまい。お話の途中,あれっと首をひねっている人がたくさんいました。クスクス笑っている人もいましたね。どうしてかな？

S：なんか,あの話と似てる。

S：そうそう「鶴の恩返し」。

L：そっかあ,初めて聞いたとき,私もみんなと同じ気持ちになったんです。で,持ってきました。（本を出し）『つるのおんがえし』（岩波書店　2004年）をちょっと読ませてください。（読み聞かせをする）どうでしたか？　このお話知ってた？

S：私が知っているのとは,ちょっと違うかなあ……。

L：昔話は,口から口へと伝えられたお話です。だから土地によって少しずつ違うところがあるかもしれません。そこで今日はもう一冊（本を出す）『つるのおんがえし』（偕成社　1966年）も用意しました。たとえば,鶴がはたをおっているときの音。さっきの本は「キートン　バタバタ,バタバタ　キートントン」でしたが,こちらは「ちんからから　とんとん　ちんからから　とんとん」です。ぬのの値段も「こばんがどっさり」「ひゃくりょう」と違いますね。さて,この2冊では,鶴を助けたのはおじいさんでしたね。そうではないお話を知っている人はいますか？

S：もっと若かった気がする。

L：うんうん。たぶん,それは,このお話です。『つるにょうぼう』（福音館書店　1979年）やはり,同じ題名で『つるにょうぼう』（ポプラ社　1967年）。
　この2冊ではおじいさんではなく若者が助けています。とても貧しくてお嫁さんももらえなかったのに,鶴が美しく働き者の娘として現われて,お嫁さんにしてくれと頼みました。

S：いいなあ。美人のお嫁さん。

S：良くないよ。いなくなっちゃうんだよ『きつねにょうぼう』みたいに。

L：よく知ってるね。そんな風に,たくさんの昔話を覚えていると,日本の昔の暮らしなども自然に知ることができるかもしれません。あと,もう少し大きくなったら『夕鶴』という話もぜひ手に取ってもらえるとうれしいです。今日は,みなさんが「えっ,その話知ってるような気がする」と思えるお話から始めて,日本の昔話「つるのおんがえし」を紹介しました。
　では,これでブックトークを終わります。よく聞いてくれてありがとうございました。

★ ワンポイントアドバイス

　事例では一回の読書の時間を設定してありますが,二回に分けて行い,本の内容にあまり深く踏み入らなければ低学年でも行えます。語りが得意な方に「二階の変な客」をお願いすれば,子ども達がいろいろな人のお話を聞くチャンスにもなります。その場合は『つるのおんがえし』を紹介するときに,「この前,みんな面白いお話を聞いたんだって？」と導入すると児童の反応が良くなります。

第2章　小学校でのブックトーク

②　うらしまたろう

紹介する本

❶『うらしまたろう』
時田史郎 再話
秋野不矩 画
福音館書店　1972年

❷『うらしまたろう』
武井武雄 絵
槇晧志 文
フレーベル館　2001年

● シナリオ ●

T：今日のブックトークでは，図書の先生と，昔話の読みくらべをします。では，お願いします。

L：お願いします。今日は，2冊の本を用意しました。まずは，『うらしまたろう』（福音館書店 1972年）です（読み聞かせをする）。では，次にもう1冊の『うらしまたろう』（フレーベル館 2001年）です（読み聞かせをする）。
　　さて，いかがでしたか？
　　「浦島太郎」のお話って知ってた？

S：歌を知ってるよ。

S：はじめの方が，わたしが知っているのに似ていました。

L：同じ昔話なのに，少しずつちがっているところが面白いね。

S：亀を助けるときに，1冊めは魚を子どもにあげたけど，2冊めはお金だったよ。

S：1冊めは亀がおとひめ様だったけど，2冊めはおとひめ様のおつかいの子亀だったよ。

S：一番おどろいたのは，2冊めの最後で，浦島太郎が鶴になったところ！

L：みんな，いろいろなちがいを見つけてすごいね。今日は，2冊をくらべましたが，図書館でほかの「浦島太郎」を見つけたら，またぜひ読みくらべてみてくださいね。ほかの昔話でもやってみてください。では，これで，「うらしまたろう」の読みくらべブックトークを終わります。

★ ワンポイントアドバイス

　ここでは「好きな本に出会わせる」という読書の時間での事例にしました。学習指導要領の改訂により2011（平成23）年度からは伝統文化について学ぶ機会が増えています。その単元と合わせた授業連携として，ブックトークをできるように提案するのもおすすめです。その際は，さまざまな昔話（日本も海外も）をなるべくたくさん用意すると，クラス全員が手に取ることができます。

本のてがみ 特別版

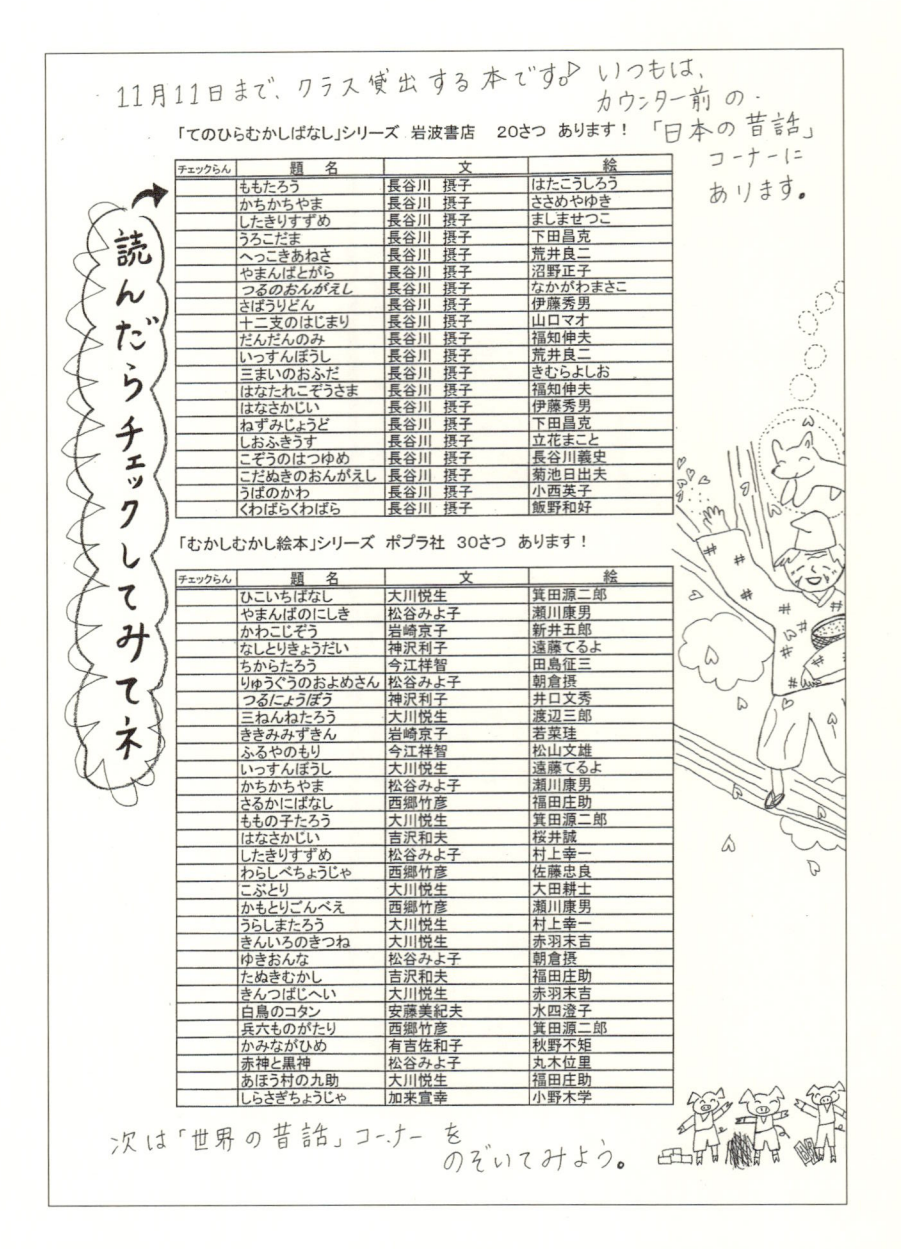

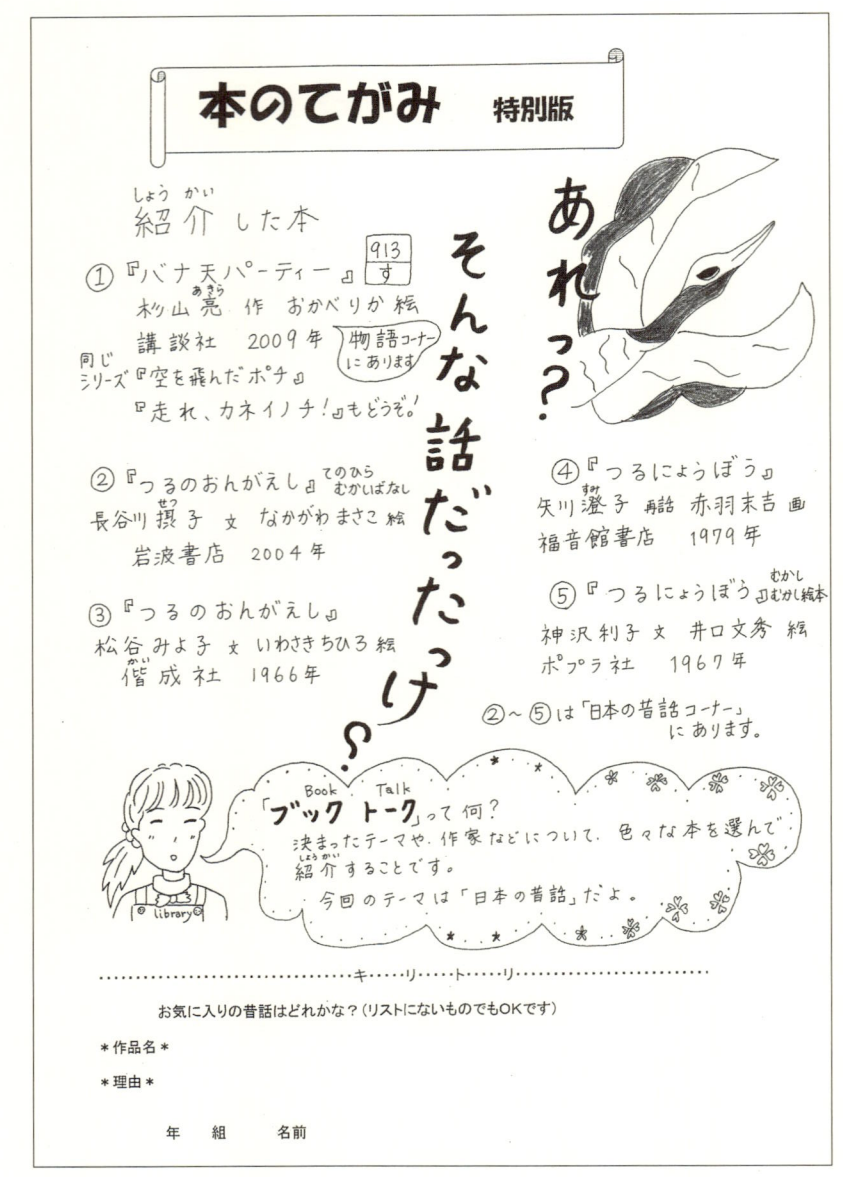

しょうかい紹介した本

① 『バンナナ・デパーティー』 913 すぎ
   秋山あき匡ただし 作　おがわりか 絵
   講談社　2009年
   同じシリーズ『空を飛んだポチ』
   『走れ、カメイナバ！』もどうぞ！

② 『つるのおんがえし』
   松谷みよ子 文　いわさきちひろ 絵
   偕成社　1966年

③ 『つるのおんがえし』
   長谷川 摂子 文　なかがわまさこ 絵
   岩波書店　2004年

④ 『つるにょうぼう』
   矢川澄子 再話　赤羽末吉 画
   福音館書店　1979年

⑤ 『つるにょうぼう』
   神沢利子 文　井口文秀 絵
   ポプラ社　1967年

Book Talk ブックトーク って何？

読まったテーマで、作家など…について、色々な本を選んで紹介することです。
今回のテーマは「日本の昔話」だよ。
②〜⑤は「日本の昔話コーナー」にあります。

お気に入りの昔話はどれかな？（リストにないものでもOKです）

＊作品名＊
＊理由＊

年　　組　　名前

・11月11日まで、クラス貸出する本です。いつもは、カウンター前の「日本の昔話」コーナーにあります。

「てのひらむかしばなし」シリーズ 岩波書店 20さつ あります！

チェック欄	題名	文	絵
	ももたろう	長谷川摂子	はたこうしろう
	かちかちやま	長谷川摂子	ささめやゆき
	したきりすずめ	長谷川摂子	ましませつこ
	うごこまた	長谷川摂子	下田昌克
	やまんばあねさ	長谷川摂子	荒井良二
	やまなしもぎ	長谷川摂子	沼野正子
	つるのおんがえし	長谷川摂子	なかがわまさこ
	ぼうさんとからえし	長谷川摂子	伊藤秀男
	十二支のはじまり	長谷川摂子	山口マオ
	だんだんのみ	長谷川摂子	知念利男
	いっすんぼうし	長谷川摂子	荒井良二
	はなさかじい	長谷川摂子	福知伸夫
	三まいのおふだ	長谷川摂子	伊藤秀男
	はなたれそうじゃ	長谷川摂子	下田昌克
	ねずみじょうど	長谷川摂子	立花まこと
	しおふきうす	長谷川摂子	長谷川義史
	こぞうのはつゆめ	長谷川摂子	福知伸夫
	ごんぞうむしのおんがえし	長谷川摂子	小西英子
	うばかわ	長谷川摂子	小西英子
	くわばらくわばら	長谷川摂子	鷹野和好

「むかしむかし絵本」シリーズ ポプラ社 30さつ あります！

チェック欄	題名	文	絵
	ひこいちばなし	大川悦生	箕田源二郎
	やまんばのにしき	岩崎京子	瀬川康男
	かにむかし	神沢利子	新井五郎
	なしとりきょうだい	今江祥智	遠藤てるよ
	うらしまたろう	松谷みよ子	田島征三
	りゅうぐうのおとめさま	神沢利子	朝倉摂
	つるにょうぼう	岩崎京子	井口文秀
	さんまいのおふだ	大川悦生	渡辺三郎
	ふるやのもり	今江祥智	松山文雄
	からかさのばけもの	大川悦生	遠藤てる男
	ももたろう	西郷竹彦	瀬田貞二
	きつねのチェンジャ	吉沢和夫	福田庄助
	したべろんごんべえ	松谷みよ子	大田耕士
	うらしまたろう	大川悦生	瀬川康男
	笠じぞう	西郷竹彦	井上幸一
	ゆきおんな	松谷みよ子	赤羽末吉
	たぬきのもり	吉沢和夫	駒田覚
	兵六つばし	安藤美紀夫	吉沢和夫
	白鳥のコタン	西郷竹彦	水四澄子
	あらそいのきつね	有吉佐和子	秋野不矩
	赤神と黒神	松谷みよ子	太四位里
	しらさぎの九助	大川悦生	福田庄助
	あほまろのきょうじゃ	加来章	小野木学

沢山は「世界の昔話コーナー」ものぞいてみよう。

第2章　小学校でのブックトーク

テーマ5　映画になった物語

【設定理由】
　児童が好きな映画と関連する本を紹介することによって興味関心を促し，児童の読書意欲を高めたい。
【対象学年】小学校5・6年生
【時間の目安】30分
【実施するとき】国語（読書）

紹介する本

❶『みにくいシュレック』
ウィリアム・スタイグ 文／絵
おがわえつこ 訳
セーラー出版　1991年

❷『かいじゅうたちのいるところ』
モーリス・センダック 作
神宮輝夫 訳
冨山房　1975年

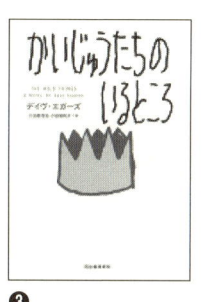

❸『かいじゅうたちのいるところ』
デイヴ・エガーズ 作
小田島恒志・小田島則子 訳
河出書房新社　2009年

❹『クローディアの秘密』
E・L カニグズバーグ 作
松永ふみ子 訳
岩波少年文庫　2000年

❺『ふたりのロッテ』
エーリヒ・ケストナー 作
池田香代子 訳
岩波少年文庫　2006年改訳

❻『点子ちゃんとアントン』
エーリヒ・ケストナー 作
池田香代子 訳
岩波少年文庫　2000年

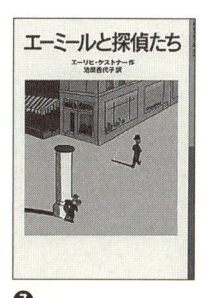

❼『エーミールと探偵たち』
エーリヒ・ケストナー 作
池田香代子 訳
岩波少年文庫　2000年

❽『霧のむこうのふしぎな町 新装版』
柏葉幸子 作
杉田比呂美 絵
講談社青い鳥文庫　2004年

❾『クラバート』
オトフリート・プロイスラー 作
ヘルベルト・ホルツィンク 絵
中村浩三 訳
偕成社　1980年

❿『新編銀河鉄道の夜』
宮沢賢治 著
新潮文庫　1989年

● シナリオ ●

　みなさん，今日は学校図書館に来てくれてありがとうございます。今日は，ブックトークをします。時間はだいたい30分ぐらいで，何冊かの本を紹介していくので聞いてくださいね。今日のブックトークのテーマは，映画になった本です。映画になるくらいですから，おもしろい本ですよね，きっと。みなさんが見たことがある映画，あるでしょうか？

　さて，1冊めはこの本です。『みにくいシュレック』。この本の主人公は表紙に描かれたシュレックです。あまりのみにくさ，恐ろしさに，ヘビさえも逃げ出すくらいです。そんなシュレックが両親の元をはなれて旅に出ました。さあ，旅の行く先々では一体どんなことがおこるのでしょうか？

　この本をもとに，アニメ映画が4作もシリーズ化されているので，見たことがある人も多いでしょう。90分ある映画の原作は，なんとこの読めば10分もかからない絵本なんです。びっくりしますね。この絵本は自分で声を出して読んだり，誰かに読んでもらうとこれまた面白い。とくに，身近にいる男の人に読んでもらうといいよ。シュレックから物語を語ってもらっているような気分になれます。ぜひ試してみてね。

　次は，やはり旅に出る本，と言っても家出して，とんでもないところに行ってしまうお話，『かいじゅうたちのいるところ』です。あれっ知ってる，って思う人も多いでしょう。絵本を読んでもらったことを覚えている人もいるかもしれませんね。ある晩，オオカミのぬいぐるみを着て大暴れしたマックスは，晩ご飯ぬきで寝室に放り込まれます。ところが，寝室はいつの間にやら森になり，船に乗ってマックスがついたのは，かいじゅうたちのいるところでした。その絵本も映画化されて話題になりました。そうしたら，こんな風に厚い本になりました。中はこんな感じです。字ばっかりですね。でも，高学年になったみなさんなら，きっと読めるはず。マックスになったつもりで，かいじゅうたちのいるところで暴れてみてください。

　次の本は，『クローディアの秘密』です。今度は，きょうだいで家出する女の子の話です。あとひと月で12歳になる主人公の女の子クローディアは，家出を決意します。みんなは家出したくなったことってあるかな？　クローディアは，「こんな退屈な生活をかえてみせるわ」って，考

第2章　小学校でのブックトーク

え出したのが，メトロポリタンミュージアムという美術館への家出です。綿密な計画をたて，9歳の弟ジェイミーをパートナーにしました。無事，美術館で過ごすうちに，美術館にある天使の像が，もしかしたら，あの有名な彫刻家ミケランジェロの作品ではないか，という謎を解き明かそうとします。二人はこの謎を解くことができるのでしょうか？　謎が解決するか気になるひと，一回家出したい人におすすめの物語です。こちらは1973年に映画化されています。ちょっと渋くて，タイトルも「クローディアと貴婦人」となっていますが，どこかで見かけたら見てみてください。

　きょうだいで家出したお話の次は，ふたごの女の子『ふたりのロッテ』のお話です。（表紙を見せて）この二人の女の子，ルイーゼとロッテは双子です。外国では，長い夏休みを利用して，子ども達が親元を離れキャンプに行くことが多いのですが，二人もそのキャンプで出会いました。それまで二人とも，自分のことを一人っ子だと思っていたのです。想像してください。旅先で，自分とそっくりの子がいるってどんな感じ？　不思議でしょうねえ。どうやら，それは，両親が別れてしまったためのようです。お母さんに会いたいルイーゼと，お父さんに会いたいロッテは，キャンプから帰るとき，だれにも気づかれずに入れ替わることにしました。さて，まわりの人に気づかれず，うまくいくのでしょうか？　もし，わかったら，お父さんとお母さんは，もう一人の自分の子どもと出会って，びっくりするでしょうね？　気になりますね。

　実は，私はケストナーの作品が大好き。そうしたら，これらの作品が映画化されたものがDVDになっているのを次々と見つけちゃったんだよね（DVDのパッケージを見せる）。もともとこの話はケストナーが映画のシナリオとして書いた作品なんだそうです。ということで，原作に忠実な映画もありますが，これは「ファミリー・ゲーム The PARENTTRAP」という題に変わっています。1998年に公開された映画のDVD化ということですが，ディズニー映画ということもあって面白そうじゃない！　あまりにもうれしくて思わず買っちゃったんだけど，もう知ってる人とか見たことある人はいますか？　私はまだなんです。それに，この地デジ化時代に，うちにはまだDVDプレーヤーがないんだよ。でも，いいの。原作がこれだけわくわくするんだから，きっと映画もすごく面白いはず。いつか，DVDプレーヤーを手に入れる日が本当に楽しみです。みなさんも，まずは，映画から？　それともやっぱり原作から？　どちらでもいいので一度手に取ってみてください。同じ作者の『点子ちゃんとアントン』『エーミールと探偵たち』も映画にもなっておすすめです。

　次の本は，やはり，夏休みの出来事が書かれている『霧のむこうのふしぎな町』です。小学6年生のリナは，夏休みをお父さんの知り合いがいるという「霧の谷」で過ごすことになりました。一人で電車に乗って行き，待ち合わせの駅についても誰も迎えに来ません。心細くなったところに風にのって傘が現れました。その不思議な傘を追いかけていくうちに着いたのが「霧の谷」でした。リナが泊まることになったのは，「働かざる者食うべからず」と言うおばあさんのいる宿でした。夏休みで遊びに行ったはずなのに，リナはいろいろなお店を手伝うことになるのです。霧の谷のお店は，普通のお店とは違います。いったい，どんな手伝いをさせられるのでしょう？

45

新装版のイラストは杉田比呂美さんです。私が持っている1975年に出た大きい本は（本の表紙を見せる）こんなイラストです。ずいぶん違いますね。私はこの本を本屋さんで見つけました。ちょうどみなさんと同じくらいの年のときです。背表紙に呼ばれた気がして，棚からそっとぬいてみたら，こんな不思議で素敵な家々が描かれていて，即お小遣いをはたいて買ってしまいました。

　実はこれは「千と千尋の神隠し」という映画が作られる発端になった物語なのです。宿のおばあさんは，「千と千尋の神隠し」のゆばーばのモデルだと思います。他にも，似ている登場人物がいるかもしれませんね。読んで，ぜひ探してみてください。

　大人になって，「千と千尋の神隠し」という映画を見て，自分の小さいころからの読書の記憶をほりおこしてもらうきっかけになりました。

　ほかにも，たとえば『クラバート』です。両親を亡くしたクラバート少年が，不思議な夢に導かれて，水車場で粉ひきの仕事をすることになりました。実は，親方は魔法使いでクラバートは他の弟子と一緒に夜になると親方から魔法を習うことになるのです。けれど，毎年大晦日には仲間がひとりずついなくなって……。ゆばーばとの契約から解き放たれる場面を見たら，クラバートが親方と対決する場面が浮かびました。そして，『銀河鉄道の夜』。父親が漁に出たまま長いこと帰ってこずに，貧しいくらしをしているジョバンニは，同じ教室の子ども達からからかわれています。そんなとき，急に現れた銀河鉄道に乗って，ぐうぜん居合わせた親友のカムパネルラと夜空を旅する，という不思議で幻想的な物語ですが，「千と千尋の神隠し」の主人公達が鉄道にのる場面で，宇宙を走る銀河鉄道を思い出しました。

　こんな風に，映画を見ているときに，自分の記憶が幼いころに逆流していくというのはおもしろいものです，みなさんもたくさん本を読んでおいて，その瞬間を楽しみにしていてくださいね。

★ワンポイントアドバイス

　毎年，多くの児童文学作品が映画化されています。旬を逃さず，公開前で話題になり始めた頃にブックトークができると，本の貸出率が高まります。公開後に行う場合，ノベライズ版はこちらが紹介しなくてもよく読まれるので，原作を中心にシナリオを作ることをおすすめします。

第2章　小学校でのブックトーク

テーマ6　算数であそぼう

【設定理由】
　楽しい絵本を通して，算数と和算に興味を持てるようにする。また，今まで読まれていない算数に関する本を紹介することで，物語以外の読書への関心を高めたい。

【対象学年】小学校3年生以上

【時間の目安】45分（遊ぶ時間も入れて）

【実施するとき】算数

【準　備】
　ブックトークで紹介する本と算数に関する本を合わせて人数分以上　和算の遊びで使う用紙　10kgの米袋

紹介する本

❶『ウラパン・オコサ　かずあそび』
谷川晃一　著
童心社　1999年

❷『1つぶのおこめ：さんすうのむかしばなし』
デミ　作
さくまゆみこ　訳
光村教育図書　2009年

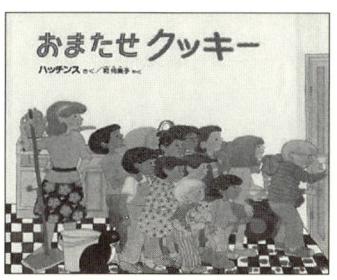

❸『おまたせクッキー』
ハッチンス　作
乾侑美子　訳
偕成社　1987年

❹『マグナス・マクシマス，なんでもはかります』
キャスリーン・T. ペリー　文
S.D. シンドラー　絵
福本友美子　訳
光村教育図書　2010年

❺『天と地を測った男　伊能忠敬』
岡崎ひでたか　作
高田勲　画
くもん出版　2003年

❻『和算』
和算研究所　監修
佐藤健一　文
文渓堂　2006年

❼『親子で楽しむこども和算塾』
西田知己　著
明治書院　2009年

● シナリオ ●

T：なんと！ 今日は図書館で算数の勉強をします。最初は数を数えますが，うまく数えられるでしょうか？ みなさんも声に出して，いっしょに数えてください。(『ウラパン・オコサ かずあそび』を開いて) ひとつはウラパン，ふたつはオコサ，と数えます。では，数えてみましょう。(絵を指しながら「ウラパン，オコサ，」と声をそろえて言わせながら読みきかせをする。時間があれば，「一人で数えられるか挑戦したい人」と指名するなど，楽しんで読む) では，次は学校司書の○○先生にお願いします。

L：1．2．3…の他にも数え方があるなんて新しい発見ですね。さて，みなさんに質問があります。もしお金持ちの王様に「良いことをした褒美になんでも好きなものを好きなだけあげよう。」と言われたら，何をもらいますか？(子どもたちの発言を促す。『1つぶのおこめ』の表紙を見せて) このお話の娘ラーニは「お米を一粒くださいませ」と言いました。

　実はこの王様，国の人々が作ったお米を一人占めして，みんなにひもじい思いをさせていたのです。ラーニは賢い娘で，人々のためにある計画をたててこう言いました。「今日はお米を一粒だけ下さいませ，そして30日の間それぞれ前の日の倍の数だけお米をいただけませんか？」(18～28ページを米の数がどんどん増えていくことがわかるようにピックアップして読む)

　さて，30日め，ラーニはどれくらいのお米を手に入れたでしょう。(30日めの大きく見開きになったページを見せる) ラーニが手にしたお米は全部で10億7374万1823粒！ みなさんはこれがどれくらいの量か想像できますか？(用意した10kgの米袋を見せる) この袋をお家で見たことがあるでしょう。何キロのお米が入っている？ そう10kgですね。この一袋には，53万8000粒ぐらいの米が入っているそうです。つまりラーニはこの大きな10kgの米袋をだいたい2000袋手に入れたことになりますね。ラーニはお米をみんなに分けておなかいっぱいご飯を食べることができたようです。賢いラーニが使った算数って何だった？

S：かけ算。

L：そうですね。次に紹介するのは『おまたせクッキー』です。お母さんがクッキーを焼きました。ビクトリアとサムに6つずつでした。全部で12こですね。と，そこに，ピンポーンと玄関のベルが鳴って友達が二人来ました。全部で4人。(ページをめくり)「三つずつだ」ビクトリアとサムが言いました。と，そこにピンポーンと，二人の友達が来ました。全部で6人。(ページをめくり)「ふたつずつだ」ビクトリアとサムが言いました。(ページをめくり) そこに6人，友達が来て，(ページをめくり)「一人一つずつになってしまいました。」また，ピンポーン，(少し間を置いて) さあ，どうなるのかな？ 読んでね。

　さて，おやつを分けるときはどんな算数をつかったのかな？

S：わり算。

L：そうですね。わり算を使うと同じ数に分けることができます。でも算数って計算だけじゃないのです。はかることも算数なんですよ。(『マグナス・マクシマス，なんでもはかります』

の表紙を見せて）マグナス・マクシマスさんはとにかくはかったり数えたりするのが大好き！（ページをめくりながら）家にもはかるための面白い道具がたくさんありますね。変わった癖もあって，はかったり数えたりしたものは紙切れに数を書いて何にでもぺたりぺたりと貼っていくそうです。ほらこんなところにも「木のみきにペタリ，ロバの耳にペタリ」（途中まで読み聞かせる）みなさんのまわりにマグナスさんのような人はいますか？　実は本当にこういう人がいたんですよ。

　　ここでクイズです！　わかった人から静かに挙手をしてください。千葉県出身の有名人。江戸時代。およそ15年かけて，地球1周分と同じ約4万km歩いて測った。日本地図。……

S：伊能忠敬！

L：正解です。よくわかりました。彼は実に楽しそうに測っていたようです，興味のある人は伝記を読んでみてください。（伊能忠敬の伝記『天と地を測った男　伊能忠敬』の表紙を見せる）伊能忠敬さんが生きていた時代は江戸時代です。その頃，日本の子ども達は，日本の算数和算を楽しく勉強していました。（『和算』の表紙をみせて）それでは，みんなで江戸時代の和算を体験してみましょう。

T，L：（『和算』『親子で楽しむこども和算塾』の中から目付絵などを実際に行う）

T：ここからは3つのコーナーに分けて，算数で思いきり遊びます！

　(1)　算数の本を読むコーナー。紹介した本の続きが読めます。他にもこんなにたくさんの算数の本があったなんて驚きですね。

　(2)　和算の3方陣のコーナー（遊び方を説明する）。

　(3)　和算の裁ちあわせのコーナー（遊び方を説明する）。

　　3つのうち，どのコーナーで遊んでもよしとします。全部回ってもいいですよ。3方陣や裁ちあわせができた人は先生に見せてください。

S：（各自，好きなコーナーに行って読んだり，体験したりする）

T：今日の算数はどうでしたか。紹介した本と遊びはこの手紙に書いてあります。家でも挑戦してみてください。この時間に紹介した本のブックリストも配ります。また読みたくなったときに，これを見て探してください。では，本を借りたい人は手続きをしましょう。

＊　このブックトークは，千葉県柏市学校図書館指導員の大岩香苗さんが考案して実践しています。1冊めの読み聞かせは担任の先生にお願いするとのことです。先生と協力して行うブックトークです。

★ ワンポイントアドバイス

　児童に問いかけて，答えがすぐに出てこなかったときは，あまり待たずに正解を言うと，流れが途切れず進められます。和算は事前に作って，自分が練習しておくと，説明がしやすくなります。

Column

小学校の学校司書として：2年で380冊

学校司書になりたての頃

　学校司書をはじめた頃は，わからないことだらけで，そんな自分を恥ずかしく思っていました。でも，この現実をきちんと受け入れないと，次のステップには進めないと思い，学校では，取り繕わない自分を見せるように心がけてみました。

　小学4年生の男子児童から「先生『はだしのゲン』(全10巻　中沢啓治　汐文社　1993年）読んだことある？」と聞かれ「ないよ，ごめん」と答えると「え～っ，そんなの図書室の先生，失格じゃん！」(そうか，失格なのか……)と言われてしまいました。ショックを受け，読破しました。後日，その児童に読み終えたことを告げると「よし，一人前だな」と言われました。中学3年の男子生徒には「この仕事やってんなら，このくらいは読んどかないとね」と『弟の戦争』(ロバート・ウェストール　徳間書店　1995年）を差し出されました。それからというものウェストールの作品を読む度に，彼のことを思い出します。ある先生は「この本を読むと，いつもあなたの顔が思い浮かぶのよ」と言いながら『メアリー・アリスいまなんじ？』(ジェフリー・アレン　文　ジェームズ・マーシャル　絵　童話館出版　1995年）を貸してくださいました。他にも自分のコバルト文庫を貸してくれた小学6年生の女子児童や，電撃文庫をせっせと運んでくれた中学2年生の男子生徒がいました。知らないことを恥ずかしいと思うのではなく，まだまだ知らない世界がたくさんあると考えれば，読書の楽しみが倍増するのだと実感しました。

　けれども，勤務時間中に読書をすることは，まずありません。山積みの仕事を前に，本を読む時間はありません。そこで，よく学校図書館の本を一晩だけ借りました。次の朝必ず元の棚に戻し，児童が誰も借りなかったらまた自分が持って帰って読んでよし，というルールを決めました。こうして，学校司書になってからの2年間に，380冊読むことができました。この経験が，今，ブックトークに臨むときの基礎になっています。

借りたい気持ちを大切に

　4月，入学したばかりの1年生が，学校探検で学校図書館にやってきます。数名のグループ毎にまとまって，入り口でぴょこんと頭を下げて「しつれいしま～す！」の大きな声。初めて訪れる特別教室への大きな期待が，こちらにも伝わってきます。場所を覚えて，オリエンテーションを受けると，いよいよ，自由に本を借りることができるようになります。「休み時間は迷わずに図書館へ行けるかな？」そんなことを心配しながら，たくさんの新入生が，上級生に混ざって本を借りにやって来る姿は，とてもほほえましい光景です。低学年のうちは，校内で迷ってしまう，一人で貸出手続きができないなどの理由から，休み時間には利用禁止の場合もありますが，初めが肝心です。ぜひ図書担当教員から学校全体に働きかけて，本を貸し出せるようにしてください。期待に満ちたお客さんを，スタートから逃すわけにはいきません。

　低学年のうちは担任の先生が「借りよう！」と声をかければ，全員が素直に言うことをききます。でも，自我が芽生える高学年になると，そうはいきません。そんなときは，大人がお手本を見せることがいいと思います。小学校では，児童と同じようにカウンターに並んで本を借りてくださる先生が

たくさんいます。誰のために……？　自分のためにです。そんな担任の先生の楽しそうな様子に影響された児童は，高学年になっても，どんどん本を借りました。「先生，今日は何借りるの？」「じゃあ，次はその本私が借りようっと」「先生はいっぱい借りられてずるいなあ」と会話も弾み，児童の興味が自然にわかるため，ブックトークのテーマ作りにもつながります。

　先生と児童，また大人同士で本について話せる学校図書館にしていきたいものです。そして，低学年も高学年も読みたい気持ちをわくわくさせて来館してもらいたいです。

児童と過ごす中で

　筆者（小柳）は，小学生のときの通知表に「わかっていても手を挙げない」とコメントされ，オールスタンディングコンサートに行って，手拍子をし，踊れるまで35年かかりました。でも，ブックトークをするようになって，児童の前でちょっと位の失敗をしても，あまり落ち込まなくなりました。反省は必要，でも，悩みすぎは無用と，次第に考えられるようになったのです。

　ですから，児童の何気ない動作や表情を目にして，いろいろ考えることがあります。児童が休み時間などに軽やかにダンスしている姿や，ブックトークで質問をされたときにのびのびと手を挙げている様子を見ると，とても楽しい気持ちになります。一方，なるべく恥をかきたくない，間違えたくない，変なことを言って笑われたくないと思っている児童もたくさん見かけます。ちょっとしたことにもひどく落ち込んでしまう様子を見ると切なくなります。失敗を避けている児童が，もっと強くなれるきっかけに早く出会ってほしいと思います。筆者のように，本との出会いで変わることもあると思います。

　児童は，何かを発見すると，誰かに聞いてもらいたくてたまらなくなります。そして，自分の感じ方を受け入れてもらったとき，何ともいえない「いいお顔」をします。小学校の図書館では，普段あまり話を聞いてもらえなかった児童の心に隠されていた「聞いてほしい思い」を引き出すことができます。学校司書が配置されている学校図書館は，児童の視野の拡大，自分探し，他人も自分も大切にできる気持ちづくりなど，児童の心を育てる土壌として一役買っていると感じることがたくさんあります。

　これからもずっと，先生方と協力して，児童のみなさんの明るくたくましい心を育てる学校図書館づくり，ブックトークを続けていきたいと考えています。

第3章 中学校でのブックトーク

1 中学校でブックトークをする意義

1 忙しい中学生に

　学校図書館で，貸出手続きをしている友達の横で，「小学校のときはたくさん本を借りたけど，中学では一度も本借りてないよ」「俺，今日初めて本借りたよ」などと屈託なく話す生徒達の声を，カウンター越しに聞いたことのある学校司書や先生は少なくないのではないでしょうか。小学校低学年のときは，本を借りることがうれしいとか，本をたくさん借りることでほめられるのを励みにして，読書を楽しんでいたのに，高学年になった頃から，学校図書館や本からしだいに離れ，さらに中学校に入学すると，学校図書館に来て本は読んでも，借りることはなく，読書量が減る生徒が多いように感じています。もちろん中学生になっても読書好きな生徒や，多読者も多くいます。でも部活動，定期テスト，塾通いなどが増えて，日々の生活の中で本と向き合う時間が，かなり少なくなってしまうことは確かです。

　学校司書や先生は，いつも生徒のそばにいるからこそ，また授業や諸活動の流れを知っているからこそ，今，生徒達に知ってほしい，読んでほしいタイムリーな本の情報を提供できるのだと思います。本好きな生徒を育て，授業を充実させるために，ぜひ多くの方に，中学生へのブックトークを実践してほしいと思います。

　ブックトークは，教室でもできますが，できれば学校図書館で行うのがよいでしょう。教科に関連した内容に合わせ，さらに，生徒の興味や関心も考えて本を集めて，すぐにブックトークを行うことができるからです。また，ときには息抜きに，楽しい本ばかりのブックトークを行うこともよいでしょう。改めて学校図書館まで行かなくても，すぐにその場で本を借りることができるのが学校図書館でブックトークをする大きな利点です。

2 ブックトークで世界を広げる

　時間に追われる中学生達にブックトークをする一番の目的は「読んでみたい！」という本への興味を持たせることです。ブックトークを聞くことで，自分の好みと違った種類の本や別の分野の本があることを知り，選書の幅を広げることにも大きな意義があります。中学生にとって本の情報といえば子ども同士の「この本面白いぞ」という口コミや，テレビやインターネットからの情報がほとんどで，自分の興味のある部分にのみ集中している傾向があるからです。

　また，中学生時代は自意識が芽生えて，自分の容姿を気にする生徒，友達とのちょっとした揉め事で，学校生活自体が苦痛になってしまう生徒も少なくありません。そんな自分だけの小さな世界で苦しんでいる生徒達に，違う考え方や生き方があること，

世界のさまざまなくらしや文化があることを知ってもらい，世界観を広げてほしいという願いをもってブックトークをしています。

学校司書の立場からは，ブックトークをすることで地味な外装の本，分厚い本，タイトルに魅力のないものなど，ふだんは手にとられない本にも光をあて，棚を動かすという意味も大きいです。そして，人から生きた言葉で本を紹介されることは，何よりの魅力でもあるでしょう。中学生の関心事や悩み，学校内で起こっている出来事をよく知っている先生や，学校司書から本を紹介してもらうことは，今，現在心を悩ませていることに解決のヒントを与えてくれる本と出会えるチャンスが広がることでもあります。

❷ ブックトークをするときと場所

1 オリエンテーションのときに

毎年4月に学校図書館オリエンテーションの時間を設定しています。その際後半に必ずブックトークを入れます。学年の状況にふさわしいテーマ，たとえば1年生では「友達」，2年生では，「お互いの違いを尊重する」，3年生では「放課後を楽しむ」などがおすすめです。

オリエンテーションを初めて実施する中学校では，司書教諭や図書主任が国語科の先生に，「授業の初めに15分だけでも」とお願いしてみましょう。たいてい「ぜひ1時間お願いしますよ」などと返事が返ってくると思います。もし使える時間が，15分しかない場合は，本の配置や分類，図書館での約束事だけで終わってしまうでしょうから，この続きはまたの機会にとっておき，定期テストの後などの少しほっとできる時間に，行ってみてはどうでしょう。次は「ブックトークの時間として15分ください」とお願いしてみるのもよいでしょう。

2 教科，学級活動などの授業の中で

これから学ぶ単元の内容を，より深く理解できるように，授業の導入として，ブックトークをすることがあります。教育のプロである先生も，実は教科書や資料集だけで，生き生きとした授業をすることや，生徒に深く内容を理解させるのは難しいと感じている方が多いと思います。このままでいいのかと悩みながらも，生徒指導や部活動の指導に追われている先生に，「ブックトークでこんなことができます」と話すと，大変喜ばれ，それ以降，学校図書館を利用してくれるようになります。

一つの単元が終了したときに，授業の発展として，関連するテーマの本をブックトークで紹介させてもらうこともあります。国語科では各単元のあとに，発展としておすすめの本のタイトルが紹介されています。それらの本や関連本を展示し図書便りで

紹介することと合わせて，ブックトークで紹介すると，貸出数が伸びます。学校司書だけではなく，先生が紹介した本は生徒に人気が出ます。授業で今どんなところを学んでいるのかをチェックするのは，担当の先生に聞くのが一番ですが，学校図書館に来た生徒に，教科書やノートを見せてもらうのもよいでしょう。その他，総合的な学習の時間に，学習するテーマに関するブックトーク，調べ学習に入る前に，調べるテーマに関するブックトーク，学級活動の際，担任の先生の依頼を受けてのブックトークを行っています。

3 朝の読書タイム

「授業でブックトークをさせてください」とお願いするのは，ちょっと自信がないという場合は，朝の読書タイムに教室へ出かけて，10分間のブックトークから始めてみることをおすすめします。先生も生徒も朝の読書タイムにマンネリ化を感じている場合が多く，本の興味を広げるブックトークを提案すると，「ぜひお願いします」と歓迎してもらえます。

夏休み前に，青少年読書感想文全国コンクールの課題図書3冊を使ってブックトークをさせてもらうのもいいチャンスです。課題の本は，日本の作品，外国の作品，ノンフィクションからバランスよく選ばれていて，つなぎやすく，ブックトークを作りやすいです。紹介した後に各教室で借りたい生徒を募り，順に貸し出せるように手配します。

また，シリーズものをブックトークの中に入れると，その続きを借りに来てくれるようになるのでおすすめです。シリーズ全巻を学級貸出にして教室に置いておくと，皆が順に読んでくれるようです。本の管理は図書委員に任せると彼らは張り切って活動してくれます。

3 ブックトークの作り方

1 1冊の本から

自分が読んでみて，ぜひこの1冊を生徒にすすめたいと思ったらそこがスタート。ブックトークを作る際は，その1冊の本からテーマを決めます。朝の読書タイムの10分で3冊を紹介することを考えて，実際にどう作るかをやってみましょう。

たとえば『13ヶ月と13週と13日と満月の夜』（アレックス・シアラー 著　金原瑞人 訳　求龍堂　2003年）が人気本だったけれど，最近借りられなくなったなと思ったら，悪い魔女によって体を乗っ取られ，おばあさんの姿に変えられてしまった女の子，カーリーの悲しみと，再び本当の自分を取り戻すための戦いという内容から，テーマを「変身」として，他に変身に関係した本を探します。

『13ヶ月と13週と13日と満月の夜』はイギリスの物語ですから，もう1冊は，日本の作品から『白狐魔記　源平の風』（斉藤洋　作　偕成社　1996年）を選びました。人間の生活に興味を持ったキツネが，仙人の元で修行して，人間に化ける術を習得して歴史上の人物と関わりを持っていくという話です。3冊めは，写真絵本から『変身　栗林さんの虫めがね2』（栗林慧　著　フレーベル館　2004年）を選びました。虫たちのびっくりするような変身の様子を写真で紹介した本です。

　3冊が決まったら，紹介する順番を考えます。はじめに一押しの『13ヶ月と13週と13日と満月の夜』を持ってきましょう。「女の子からおばあさんへの変身はちょっとつらいけど，次の話は修行の末に人間に変身した狐の物語です」とつないで，『白狐魔記　源平の風』を紹介します。「この本は歴史好きの生徒にも興味を持ってもらえそうです」とまとめ，「物語の世界では，"ありえなーい！"という変身がありましたが，最後に紹介する本は，私たちの身近に実際に見ることのできる変身の物語です」と『変身　栗林さんの虫めがね2』へとつなげます。

　これで10分の朝の読書タイム用に，3冊を紹介するブックトークができました。好きな本と出会わせるためのブックトークの場合の作り方です。このように一押しの1冊を決めたら，関連するテーマで物語を日本の作品と外国の作品から，主人公が男の子，女の子，大人や子どもというように違いのある作品を探します。

　さらに詩，写真，図鑑，ノンフィクションなどを入れて，幅広い選書をするように気をつけます。本に興味のない生徒や，活字を見ると頭が痛くなるという生徒でも，どれか1冊にひっかかるものがありますように！と祈りを込めて本を選んでいきます。絵本や少しやさしいものも入れるなど，注意します。決して自分のお気に入りばかりで固めないように気をつけたいものです。

ノンフィクション	写真集	雑誌・新聞記事
外国の小説	テーマ	日本の小説
図鑑	郷土資料	絵本・詩・エッセイ

幅広く選書できているか，チェックしてみましょう

2　テーマを決めてから

　授業で単元の導入や発展でブックトークをするときは，テーマが先に決まっていて，それに合う本を探して入れていく場合が多くなります。たとえば，2年生の保健体育で，「エイズ」について学習する授業でブックトークをした際は，「エイズを知ろう」というテーマが先にありました。そこで『エイズの絵本』（北沢杏子　作　吉永陽子　監

修　安藤由紀　長谷川瑞吉　絵　アーニー出版　1996年)，『エイズ　Q&A100　HIVに感染した4人の若者へのインタビューとエイズの基礎知識のすべて』(マイケル・T・フォード　著　桜井賢樹　監修　北沢杏子ほか　訳　アーニー出版　1996年)で知識を知ってもらい，『HIV/エイズとともに生きる子どもたちケニアあなたのたいせつなものはなんですか？』(山本敏晴　写真／文　小学館　2009年)，『炎の謎』(ヘニング・マンケル　作　オスターグレン晴子　訳　講談社　2005年)，『こどもの権利を買わないで　プンとミーチャのものがたり』(大久保真紀　文　横田洋三　監修　森野さかな　絵　スネル博子　訳　自由国民社　2000年)を入れていきました。

　差別や偏見を生むのは，まずそのことに関する知識がないことが大きな原因です。ですから正しく知るための知識の本を必ず入れますが，この場合も，エイズになってしまった人の気持ちやまわりの人の思いを描いた物語，ノンフィクション，写真，絵本などが入るように気をつけます。

　紹介する本は，ていねいに紹介する本，さっと短く紹介する本に分けて，特にすすめたい本は生徒達が集中している前半にもってくるといった工夫も必要でしょう。そして，つなぎとなる言葉を入れて，次の本へとスムーズに橋渡しができるようになると，一つのストーリーのようにつながっていき，まさにブックトークの醍醐味を味わうことができるでしょう。

3　本の探し方と集め方

　ブックトークを作ってみようと思ったとき，とりあえずテーマに関する本をたくさん集めて，読んでみることが必要です。まず自校の学校図書館の書架をまわって使えそうな本を探してみましょう。あまり手にとられないけれど，ぜひ紹介したいなと思う本が，結構隠れているのに気がつきます。件名検索や書名検索をしてみるのもヒントになりそうです。

　インターネットで公共図書館の蔵書検索をしてみるのも手です。フリーワード検索の欄にキーワードを入れていくと，たくさんのタイトルが出てきます。タイトル，著者，中学生向けかなどをチェックしていくと，たくさん出てきたタイトルも徐々に限定されていきます。全国の公共図書館のホームページを参考にさせてもらうのもよいでしょう。荒川区立図書館のYAのページ，豊島区立図書館10代のためのYAページ，千葉県市川市立図書館の刊行物のページの中に紹介されているYA通信などは中高生向きの本が沢山紹介されていて必見です。多数出版されているブックリストも参考になります。これは使えそうという本は，チェックしておき，購入しておくとよいでしょう。いくらよい本を紹介しても，実際に本がなく，貸し出せないようではブックトークが行えないからです。

　筆者(和田)が，最も頼りとしているのが，司書仲間からの情報です。勤務してい

る千葉県袖ケ浦市では市内の小・中学校全校に学校司書（袖ケ浦市では読書指導員と呼んでいます）が13人配置されています。袖ケ浦市学校図書館支援センターが運営しているホームページの図書掲示板（小中図書相互貸借の情報交換）を使って，「こんなテーマでブックトークを考えているのですが」と投稿すると，「こんな本が使えます」「この本は公共図書館にあります」「私がやったときのリストを送ります」などと情報を返信してもらえるようになっており，大変心強い情報交換の場となっています。

　また市指定の宅配便が，公共図書館と幼稚園，市内小中学校，袖ケ浦市郷土博物館，学校図書館支援センターを，週に1度往復巡回しています。必要な本や資料を貸借することができるようになっている，この図書流通システムは，調べ学習で本が必要なときだけでなく，ブックトークの研究のために，たくさんの資料を集める際にも大変役立っています。

4　ブックトークのコツと心がけること

① 本以外のものを使う

　本のあらすじばかりを紹介するのではなく，印象的な会話の部分や詩を朗読したり，ストーリーテリング（本を見ないで，覚えたお話を聞き手の顔を見ながら話すこと）をしたりする他，実物や写真，イラスト，ペーパークラフトなどを見せる，音楽を聴かせる，触れさせる，香りを使う，味わわせる，など五感を使うことを効果的に入れることも有効です。

　ただし小道具にこりすぎると，肝心な本の印象が薄れることがあります。常に本が主役ということを忘れずに，本を印象づけるための脇役として，それらをうまく活用することを心がけています。

　地元の袖ケ浦市郷土博物館では小・中学校にさまざまな応援をしてくれています。必要なときに，博物館の展示品を借りて生徒に実物を見せたり，触ったりさせることができるのは，大変ありがたいと感謝しています。太平洋戦争時の軍服や軍靴，千人針などはもちろん，「奥の細道」では，江戸時代の旅道具を借りて，紹介することができました。現在は，学校へ貸出可能な展示品を袖ケ浦市学校図書館支援センターが博物館キットとして管理しており，図書流通システムを利用して各学校で借りられるようになっています。

② 生徒に参加させる

　聞くばかりでは疲れてしまうので，クイズを出して答えてもらう，プリントに書き込んでもらうなどの工夫もします。中学生になると，こちらの問いかけにみんなで答えてくれるとか，反応をどんどん返してくれるということもない場合が多いので，クイズも3択にして手を挙げてもらうとか，「あなたにとって大切なものは何か？　書いてみて」と自然に参加できるよう考えます。

③　座席と座り方

　学校図書館でブックトークを行うとき，難点となるのが生徒の座る向きです。教室にあるような一人用の机といすではなく，大きな机のまわりに４～６人で座るので，隣の生徒とおしゃべりをしがちで，話をする人の方へ向きにくいという問題があります。ブックトークを始める前に，「いすごと体を話し手の方向に向けましょう」と，話を聞きやすく本が見やすい座り方ができるように指示しておくことが大切です。

　またブックトークだけをすると決まっている場合は，事前に机を片付けてしまい，ブックトークをする人を中心に半円形にいすを二重から三重にセッティングしておきます。生徒が学校図書館に入って来たとたん「なにが始まるの？」「好きに座ってもいいの？」などと聞いてきます。これから特別なことが始まる期待感を持たせ，生徒達が楽な姿勢で話を聞き，話に集中させることができます。

④　シナリオを作る

　シナリオをきちんと作っておくと，落ち着いて話すことができます。シナリオが全部できていないときは，最低でも導入とつなぎの言葉，まとめだけは作っておき，生徒に配布する本のリストの１枚に，自分用として，赤ペンでつなぎの言葉をメモしておくといいでしょう。１学年５クラスに行う場合，１クラスめは，実験と言っては失礼なのですが，まだ不出来で改善することが出てきます。ここでの紹介はもっと短くしたほうがいいなとか，ここでは朗読をふやそうなど改良して２，３クラスめ，結構うまくなってきたと思っているうちに４クラスめ，最後の５クラスとあっという間にブックトークも終わってしまいます。

⑤　シナリオのストック

　苦労して完成させたブックトークを残すために，シナリオをストックしていきます。一度書いておくと，何年か後でもそのシナリオを見れば，本もすぐに集められるし，翌日には行うことができます。シナリオをたくさんストックすることができれば，これは何よりの財産となります。同じテーマのブックトークでも，何年かたって見直すと，新しく出版された本に変える場合も出てくるし，逆に使いやすい本はテーマを変えてまた登場することもあります。そして，今回の反省と次回に気をつけることなどもメモしておくと，次回のブックトークに役立ちます。

⑥　付箋とブックイーゼルを上手に使う

　紹介するときに助けになるのが付箋です。朗読する部分や見せたい絵や写真の部分に付箋を貼っておくと，あわてずに紹介することができます。見せる部分が多い場合は付箋が何枚も貼られることになりますが，そんなときは順番がわかるように付箋に１，２，３と番号を付すこともあります。紹介した本はブックイーゼルに立てかけていき，どの本も表紙が見えるようにしていきます。

⑦　ブックトーク後の活用方法

　本の中にある写真や，挿し絵，地図などを拡大コピーして用意しておき，紹介するときに提示するのも効果的です。それらはブックトークの後で，ブックトーク展示コーナーとして，学校図書館内に紹介した本といっしょに掲示しておくと，他の学年の生徒も見て，その本を手に取るきっかけになります。

⑧　ブックリストの工夫

　ブックトークが終わった後で，紹介した本のリスト「ブックリスト」を配ります。そのときは借りないけれど，後で借りたいときや，ブックトークでは紹介しきれなかったけれど，これもおすすめという本のタイトルを知らせるのに役立ちます。実際に中学３年生の生徒が，秋に行ったブックトークで紹介した本を，受験が終わったあとの２月に借りに来てくれたこともあります。ブックリストの裏に，関連する情報を載せたり，クイズを載せたりするのもよいでしょう。

⑨　日ごろからチェック

　日ごろから「この本のこんな部分はこのテーマに使えるな」などとチェックしておくことや，たくさんの本を読み情報をストックしておくことが大切です。そして学校行事や授業の進度や内容を，生徒や先生に尋ねてリサーチしておき，積極的に先生に「ブックトークを授業に入れませんか？」とアピールしていくとよいでしょう。

④　ブックトークの楽しみ

　自分の工夫でいろいろな形にできることがブックトークの楽しみです。先生と組んで劇仕立てで本を紹介したり，生徒に加わってもらったりしています。１年生の国語には「動物の睡眠と暮らし」（『伝え合う言葉　中学国語１』教育出版　2006年）という単元がありますが，その授業のあとに発展学習として，担当の先生と二人で「夜　眠る？」というテーマでブックトークをしました。このときは，先生に白衣を着てグースー博士という科学者に扮してもらい，いつの間にか眠ってしまった私の夢の中で，睡眠に関する知識を紹介してもらい，私は「眠る」をテーマにした物語をグースー博士に紹介していくというお芝居の形にして行いました。

　３年国語「ウミガメと少年」（『伝え合う言葉　中学国語３』教育出版　2006年）の学習に入る前に「戦争と沖縄」というテーマで，ブックトークをしたときは，担当の先生に朗読をしていただき，映像や戦争時の日用品などを紹介しながら，沖縄戦を理解する本をブックトークで紹介しました（84～87ページ参照）。

　「福祉」をテーマに１学年の生徒全員に体育館でブックトークをしたことがあります。このときは，はじめに『わたしのおばあちゃん』（ヴェロニク・ヴァン・デン・アベール作　くもん出版　2007年）という絵本の読み聞かせを入れました。そのとき図書委員８

人に，少しずつ読み聞かせをしてもらいました。図書委員の生徒には前もって読み聞かせの練習をしてもらいますが，生徒にとっても良い経験になったと思います。生徒達も図書委員の生徒が読んでいるので，親しみを持って聞いてくれました。また私自身も，図書委員という心強い応援団がそばにいてくれるので，安心して次につなげて本を紹介することができました（76～79ページ参照）。

　また，図書委員会の生徒達によるブックトークの実演をしたこともあります。図書集会で，「放課後パラダイス」というテーマで行ったときは，それぞれの部活に関連する本を紹介する前に，その部活の生徒に登場してもらって雰囲気を盛り上げました。『熱風』（福田隆浩 著　講談社　2008年）を紹介する前に，テニス部員にラケットを振っての練習風景を演じてもらい，『武士道シックスティーン』（誉田哲也 著　文藝春秋　2007年）を紹介する前には，剣道部の生徒に掛け声高らかに竹刀をあわせてもらいました。『楽隊のうさぎ』（中沢けい 著　新潮文庫　2002年）の紹介には，音楽部の生徒にクラリネットを演奏してもらいましたが，これは図書委員と相談するうちに出てきたアイデアです。何度も朗読の練習をしたり，小道具などを用意したり，図書委員の成長ぶりを感じられるのも喜びです。

　本以外の小道具を準備するのも，楽しみです。「不思議」をテーマにしたときは，生徒達が入ってくる前に学校図書館内にお香をたいておき，「えっ？　何？」という雰囲気を作っておきました。「いい匂いがする」「癒されるなあ」という声が聞こえ「しめしめ，雰囲気づくり成功」と内心喜んでいると，「何か，くさい」なんて言う生徒もいて，ガクッとしたこともあります。また『みえないってどんなこと？』（星川ひろこ 作　岩崎書店　2002年）を紹介したときには，本の中に紹介されているように，代表の生徒にアイマスクをして塩と砂糖を舌で味わってどちらかを当ててもらう体験をしてもらいました。家からエレキギターを持っていったり，本のイメージに合うCDを探したりして，生徒に「へぇ」と言わせることも楽しみです。

　一生懸命準備したのに，ブックトークをしても反応が感じられない場合や，紹介した本をすぐに借りてくれないこともあります。「この本は人気がないのかな？」「私の紹介の仕方が悪かったのかな？」「選書のミス？」なんて思っていると，ずっと後になって「あの本ありますか？」と借りに来てくれることもあります。すぐに借りられなくても決してがっかりすることはありません。今読みたいけど，試験が終わるまではお預けと決めて，定期テストが終わったあとや，受験がすんでから借りに来ることも多いので，紹介した本のリストは必ず手渡しておきましょう。

　長年学校司書を続けていると，大学生や，社会人になったかつての生徒と出会うこともあります。そんな生徒に「あのとき紹介してくれた本で，読書が好きになりました」「自分も司書を目指そうと思っています」とうれしい言葉をかけられることもあります。何よりの喜びは，本と生徒を結ぶことができたと実感できたときです。

テーマ1　ベストフレンドの見つけ方

【設定理由】
　入学して，新学年に進級してまだ不安の残る生徒達。新たな人間関係づくりへの希望と，ときにはひとりでいることも，本があれば大丈夫。そんな励ましの気持ちをこめて作成しました。

【対象学年】中学校1年生

【時間の目安】30分

【実施するとき】学校図書館オリエンテーション

【準　備】白い手袋　松葉杖　バスケットボール　車いす　ブックイーゼル　ブックリスト

紹介する本

❶『人気者になる方法』
メグ・キャボット 作
代田亜香子 訳
理論社　2008年

❷『妖怪アパートの幽雅な日常（1）』
香月日輪 著
講談社　2003年

❸『きみの友だち』
重松清 著
新潮社　2005年

❹『リバウンド』
E・ウォルターズ 作
小梨直 訳
深川直美 画
福音館書店　2007年

❺『あなたのたいせつなものはなんですか？…カンボジアより』
山本敏晴 写真／文
小学館　2005年

❻『地球温暖化，しずみゆく楽園ツバル：あなたのたいせつなものはなんですか？』
山本敏晴 写真／文
小学館　2008年

❼『ルーマニア どこからきてどこへいくの：あなたのたいせつなものはなんですか？』
山本敏晴 写真／文
小学館　2009年

❽『ひとりの時間』
華恵 著
筑摩書房　2007年

● シナリオ ●

　みなさんは，中学へ入学してきて，初めて出会った人もたくさんいて，うまく友達になれるのかなってドキドキしていると思います。何も心配することはありませんよ。今日は学校図書館の

実践例

本を使って，「ベストフレンドの見つけ方」を伝授していきたいと思います。（少し間を置いて）
　小学生のときにやってしまった失敗を，今でも友達にからかわれている人，おとなしい人とかお調子者って思われているけど，中学生になった今こそ，前の失敗や昔のイメージは帳消しにして，みんなに好かれる人気者になりたいなぁなんて思っている人はいませんか？（ぱっと顔を上げて，私の顔を見る生徒あり。やさしくうなずきながら）
　そんな人にぜひ読んでもらいたいのが，『人気者になる方法』です。アメリカのベストセラー作家メグ・キャボットが書きました。（英語版のタイトルを用紙に書いておき紹介する）
　主人公の女の子ステファニー，通称ステフは高校2年生。小学校のときに，友達だったローレーンの真っ白なスカートにつまずいて，超特大のチェリーコークをこぼしちゃったことが原因で，ローレーンをカンカンに怒らせ，それ以来5年間もひどい仕打ちを受けています。
　みんながステフだったらどうするかな？（反応に答えながら）
　そんな訳で，友達は幼馴染の男の子ジェイソンと農場育ちでちょっと変わり者のベッカの二人だけ。ステフはジィソンのおばあちゃんのキティからもらった古い本『人気者になる方法』を読んで研究し，「人気者になる作戦」をたてて実行に移していきます。（少し間を置いて）
　作戦は上手くいって，人気者の地位を手に入れ，学校で一番の人気者のマークに振り向いてもらうことにも成功します。
　でも手に入れてみると，人気者の座にいると，自分の気持ちに正直になれないし，無理しなくちゃいけないこともいっぱい。元からの友達との仲もギクシャクしてきます。ステフの人気者になる作戦はどうなっていくのでしょうか？
　（本をブックイーゼルに立てかけると，近くの生徒が興味深げに見ている）
　さてアメリカの本の次は，日本で人気のお話です。（表紙をよく見えるように見せると，イラストに興味を持ち，「もう読んだことあるよ」の声も上がる）さすが人気の本だね。
　『妖怪アパートの幽雅な日常』の主人公の稲葉夕士君が，寿荘というレトロなアパートに住むことになりました。寿荘で食事を作ってくれるルリ子さんの料理は，おいしいけれど白い手首しか見たことがありません。（白い手袋をはめて，手を振る）人間も，もののけも仲良く暮らす寿荘。こんな友達がいたらおもしろいなと思わせてくれる1冊です。人間の友達どうしの熱い友情物語もバッチリ語られています。香月日輪さんのこの作品は大変人気で，10巻までシリーズになっています。
　夢をみているのでは？と思えるような不思議な話の次は，現実を感じさせる友情物語を紹介しましょう。『きみの友だち』です。重松清さんが書きました。（表紙を見せながら　松葉杖を見せる）
　主人公は交通事故に遭って以来，松葉杖なしでは歩くことのできなくなった恵美ちゃんです。テンポが同じということで友達になった由香ちゃんは，生まれつき腎臓が弱く，学校を休みがちで，太っていて動作も遅いので，二人はいつもいっしょにいるようになります。ちょっとわがままで，威張っている恵美ちゃんと，不器用ですぐに困って謝ってしまう由香ちゃんのコンビをクラスの子は「浮いてる」と呼んだり，「沈んでる」と笑ったりするのですが，案外二人の世界を楽しんでいる様子です。

クラスに松葉杖の子がいたらみんなはどう接するだろうね？（生徒に問いかけると答えないが，隣の子に耳打ちしている姿あり）

この二人を取り巻くクラスメートや兄弟もそれぞれ悩みを抱えています。友達に好かれようと八方美人になって，誰とも話を合わせようとする堀田ちゃんは，みんなに「ウザい」といわれて仲間はずれにされます。（女子生徒から「いるよね。そういう子」という声があがる）恵美ちゃんの弟のブンは，勉強もスポーツもできる少年ですが，5年生になって転校してきたモト君が，自分より勉強もできて野球もうまいので，初めて敗北感を味わいます。その他に恵美ちゃんを取り巻く少年少女達のエピソードは，こんなところ自分にもあるなとか，こんな風にやっちゃうことってあるよねと，読み手にとって共感できる部分がたくさん出てきます。
私の好きな部分を読んでみます。（本を持ち，朗読する）

「西村さんは，友だち，たくさん欲しいひとでしょ」
「わたしは違う」
「いなくなっても一生忘れない友だちが一人，いればいい」

と恵美ちゃんはいいます。「本当の友だちってなんだろう？」と考えさせてくれる本であり，一人って寂しいよと心細くなったら読んでほしい一冊です。

女の子の友情物語のあとは，（バスケットボールをドリブルしてから）このバスケットボールを通じた男の子の熱い友情物語『リバウンド』を紹介しましょう。（バスケットボールにはちょっと反応あり。ドリブルしてパスしようとすると，受け取ってくれる）

カナダに住む中学2年のショーンは，昨年は不良グループに入っていてトラブル続きでした。今年は心を入れ替えて，大好きなバスケットボールに打ち込もうとしていたのです。ところが車いすに乗った転校生デーヴィッドと初めて顔を合わせたとき，けんかになり，先生に怒られます。

実は，転校生デーヴィッドは一流のバスケット選手だったのに事故で車いすの生活を送ることになってしまったのです。（車いすに，生徒を座らせる）先生は，ショーンにデーヴィットと行動するように言いました。ぶつかり合う二人ですが，いつしかバスケットボールを通して親しくなっていきます。（少し間を置いて）

みんなも友達のやっていることが心配でしょうがないけど，どうやって手助けしたらいいかわからなくて，困ってしまったことはないかな？（うなずく生徒や考えている様子の生徒あり）二人が目の前の問題をどうやって乗り越えていこうとするかを，読んで応援してやってくださいね。

カナダの少年の次は，カンボジアの子ども達を紹介する本『あなたのたいせつなものはなんですか？…カンボジアより』です。医師であり写真家である山本敏晴さんは，

「あなたのたいせつなものはなんですか？　それを絵に描いてください。」

とカンボジアの子ども達に問いかけます。（表紙の写真を見せながら）

みんなにとってたいせつなものは何だろう？　少し考えてくれますか？　プリントに書いてみてください。

（問いかけには，声が上がらないがプリントには真剣に考えながら記入している）

では，書いたことを教えてください。（数人に答えてもらう。家族・親・お金・ゲーム・友達などの答えが出る）（本の写真を見せながら）

　1970年頃，ベトナム戦争がカンボジアにも広がり，何百万人もの人が亡くなりました。そのカンボジアで生きる子ども達が大切だとかいた絵です。（写真を見せながら）それは「学校」「家」「地雷をなくすこと」などです。（生徒は写真をじっと見つめながら，説明を聞いている）

　今，みんなに大切なものを書いてもらいましたけど，いろいろな考えが出ましたね。山本さんは，「もしも世界中の人みんなが大事なものの絵を見せっこすることができたなら，少しだけお互いにより理解しあえるようになり，少しだけ世の中の争いを減らすことができるかもしれません」と語っています。世界の国々を知ってみんなの違いを理解することも，友達づくりのひとつになると思います。この『あなたのたいせつなものはなんですか？…カンボジアより』はツバルとルーマニアも出ています。（ツバル編とルーマニア編もどんな問題があるか簡単に紹介しながら写真を見せる）ブックリストの裏面に世界地図がありますので，今紹介した国がどこにあるか探してみてくださいね。

　でも，現実の毎日は，ちょっとした意見の食い違いや，わがままもでてしまって，「目の前の友達とうまくつきあえないよ」と悩んでしまうこともあるかもしれません。そんなときは，一人になっても大丈夫です！　作家でモデルの華恵さんの『ひとりの時間』では，本があれば一人でも大丈夫！と教えてくれます。その部分を〇〇先生に朗読していただきます。（じっと耳を傾けて聞いている）（〇〇先生には事前にお願いしておく）

　「ベストフレンドの見つけ方」をテーマにたくさんの本を紹介しましたが，読んでみたいと思った本はあったでしょうか？　これから，いろいろな体験を通して，ベストフレンドを見つけて中学生活を楽しんでほしいと思います。そして本や学校図書館も大切な友達の一人に加えてもらえたらうれしいなと思います。

★ ワンポイントアドバイス

「あなたのたいせつなものはなんですか？」と問いかけても反応がない場合のために，ブックリストの中に記入欄を用意しておき（67ページ参照），絵や言葉を書き込んでもらいます。裏面には世界地図を印刷しておくと，紹介した国がどこにあるか探しながら世界の広さを感じてもらうことができるでしょう。

写真3-1　学校図書館オリエンテーションの時間を使って

写真3-2　朗読で緊張がほぐれ，笑顔がうれしい瞬間

第3章　中学校でのブックトーク

ブックトーク
「　ベストフレンドの見つけ方　」

『人気者になる方法』　　　　　　　　　　メグ・キャボット著　理論社
『妖怪アパートの優雅な日常』　　　　　　香月　日輪　著　講談社
『きみの友だち』　　　　　　　　　　　　重松　清　著　新潮社
『リバウンド』　　　　　　　　　　E・ウォルターズ　著　福音館書店
『あなたのたいせつなものはなんですか？』　　山本　敏晴　著　小学館
『ひとりの時間』　　　　　　　　　　　　華恵　著　筑摩書房

あなたの大切なものを絵にかいてください。

ひとりひとりの人が，いろいろなものを，大切だと思っています。
どんなものを大切だと思っている人にも，いっしょに暮らす家族がいて大切な友達がいます。
『あなたのたいせつなものはなんですか？』より

テーマ2　違っていてもいいじゃない

【設定理由】
　容姿が気になり，はたから見ると些細なことにくよくよしてしまう生徒達へ，自分の知らない状況や世界があることに気づいて視野を広げてほしい。

【対象学年】中学校2年生

【時間の目安】30分

【実施するとき】学級活動

【準　備】『楽園の作り方』の4人の登場人物のイラスト　世界地図　少年兵のポスター　クイズ問題と答えを書いた用紙

紹介する本

❶『ファイヤーガール』
トニー・アボット 著
代田亜香子 訳
白水社　2007年

❷『スター★ガール』
ジェリー・スピネッリ 著
千葉茂樹 訳
理論社　2001年

❸『ラブ,スター★ガール』
ジェリー・スピネッリ 著
千葉茂樹 訳
理論社　2008年

❹『楽園のつくりかた』
笹生陽子 著
講談社　2002年

❺『シエラレオネ：5歳まで生きられない子どもたち』
山本敏晴 著／写真
アートン　2003年

❻『世界で一番いのちの短い国：シエラレオネの国境なき医師団』
山本敏晴 著
白水社　2002年

❼『ダイヤモンドより平和がほしい：子ども兵士・ムリアの告白』
後藤健二 著
汐文社　2005年

❽『砂漠の国からフォフォー』
中川なをみ 著
舟橋全二 画
くもん出版　2005年

❾『あなたをずっとずっとあいしてる』
宮西達也 作／絵
ポプラ社　2006年

❿『大自然のふしぎ　恐竜の生態図鑑　増補改訂』
小畠郁生 監修
学研教育出版　2011年

第3章 中学校でのブックトーク

● **シナリオ** ●

　私達はみんなと同じだと安心，ちょっとでも友達と違うことをしたら，「あれこれ言われるかも」とか「仲間はずれにされるんじゃないか」と心配になります。今日は「違っていてもいいじゃない」というテーマで本を紹介していきます。

　はじめに紹介する本は，あるアクシデントにより他の子達と違う姿になった少女が登場する物語です。本の表紙にその秘密が隠されているのですが，どんなアクシデントか想像できますか？（表紙を裏表開いてみせる）（赤いとか黒くなっているという声が聞こえる）この『ファイヤーガール』に登場する少女ジェシカは，事故で大やけどを負ってしまったのです。物語は主人公のトムの語りで進みます。おとなしく目立たない男の子トムのクラスに，ジェシカが転校してきます。先生の言葉を読んでみます。（生徒達を見わたしてから読む）

　「心の準備をしてほしいの。ジェシカのやけどは……たぶんみなさんがいままで……見たことのあるどんな人のやけどともちがうはずよ」（少し間を置いて）

　隣に座ったジェシカの姿にトムは動揺します。トムは治療のために，学校を休みがちのジェシカの宿題を届けたことがきっかけで，事故のことやジェシカの気持ちを知ります。臆病で，ジェシカのために何一つできなかったと後悔するトムでしたが，ジェシカからつらさを受け入れて生きる強さを学び，自分の意見を持って主張できるように成長していきます。そんなトムの姿は，皆さんの心に響くのではないかと思います。

　次に紹介する『スター★ガール』も転校生の話です。マイカ高校に不思議な女の子が転入してきました。スターガールと名乗るその子は，奇抜なファッションでウクレレをかきならしながら，「ハッピーバースデー」を歌うのです。無邪気で陽気なスターガールは，いつしか校内のアイドルになります。（少し間を置いて）

　しかし，チアリーダーとして，相手のチームにまで声援をおくった事件をきっかけに，その人気は急転落。スターガールは，みんなからシカトされてしまいます。（少し間を置いて）ところが，スターガールはへこたれません。あるダンスパーティーに姿をみせたスターガールは，……。

　みんなと同じことをするのが，そんなに大事？　自分っていったい何なの？と考えさせてくれるちょっと切なくて，魅力的な本です。（表紙を見せながら）彼女を見守ってきたレオのもとを去って半年後からの，続編『ラブ．スター★ガール』もぜひ読んでください。

　外国の作品を続けて紹介しましたが，次はジャパニーズボーイ＆ガールが活躍する『楽園のつくりかた』です。主人公は，星野優。（優のイラストを出す）ぼくの希望はエリートコースをまっしぐらに突き進むこと。中高一貫教育をへて，一流名門大学へ進み，一部上場企業に就職。

　そんなことをマジに考えて，人を出し抜いてもよい成績をとることに燃えていた優は，ある日突然，家庭の事情により都会から遠く離れた物凄い田舎の分校へ転校することになります。その分校のクラスメートは３人。個性豊かな面々です。（３人のイラストを出す）

　一人めは，可愛い女の子がいてラッキーと喜んだのもつかのま，実はおかまの一ノ瀬さん。一ノ瀬さんは大金持ちになって，プールがついた宮殿みたいな家に住むという優の夢を笑い，自分

の夢を話します。読んでみますね。
「それってなんかつまんなくない？」
「へ」
「ワンちゃん（優のあだ名）がいまいったことって，利己的すぎると思うな，あたし。あと拝金主義もね，くだらない」
「は」
「あたしは自分の作った服で，みんなを楽しくさせたいな。お金はもちろん大切だけど，でもそれだけじゃないっていうか。ワンちゃん，せっかくできるんだから，その才能をまわりの人におすそわけしたらいいよ。そしたら自分もハッピーじゃん？」

優はおかまに説教されて落ち込みます。他にも，前髪で目まで隠して，大きなマスクをして一言もしゃべらない女の子宮下さん。へらへらしてばかりいる山中君。この個性豊かな三人はそれぞれに欠点を持ち，失敗し，苦しみを抱えながらも精一杯自分の道を探して進んでいきます。成績や金持ちになることばかりを考えていた優にも，実は厳しい現実が立ちはだかります。

どうやら，勉強ができるとかできないとか，金持ちか貧乏かとは関係なく，自分の考え方次第で楽園はどこにでも作ることができそうだということを，この本は気づかせてくれます。この本を読んで，皆さんもぜひ自分の楽園の作り方を研究してくださいね。

さて，次に紹介する本は楽園とはまったく違う国，『シエラレオネ』です。西アフリカにあるシエラレオネ共和国は，ギニアの隣に位置する小国で，面積は北海道ほどで，人口は約450万人です。（世界地図を出す）

ではここで，問題です。世界で一番命の短い国といわれているシエラレオネ共和国の平均寿命は，どれでしょう？　三択です。1番は15〜25歳，2番は25〜35歳，3番は35〜45歳（生徒は手を挙げる）正解は，25〜35歳といわれています。日本の平均の3分の1程度ですね。子ども達は5歳の誕生日を迎える前に3人に一人が死んでしまいます。

作者はこの世界で一番恵まれない国へ「国境なき医師団」として派遣された日本人医師であり，写真と文章でシエラレオネが抱える問題を紹介しています。1つめはダイヤモンドが採れるために他国から攻められ，卑劣な虐待行為を受けたことから，国力が弱められたこと。（ユニセフの少年兵のポスター出す）2つめはこのポスターの少年のように麻薬を打たれ，最前線にライフルを持って立たされた少年兵の問題です。

こちらの『世界で一番いのちの短い国』『ダイヤモンドより平和がほしい』もぜひ読んで欲しい1冊です。（表紙を見せたら，本を置く）

（『シエラレオネ』の写真を見せながら）戦争が続いたため，病院や学校は壊され人々の健康状態もひどいものとなりました。国境なき医師団の援助により，病院が建て直され，衛生や栄養の教育が行われるようになっています。子ども達の笑顔が未来にもずっと続いていくように，と願わずにいられません。（子どもの笑顔のページを見せる）

もう一人，「青年海外協力隊」として西アフリカのニジェール共和国に出かけて行った，あゆ

らさんという若き女性の奮闘を描いた『砂漠の国からフォフォー』を紹介しましょう。（世界地図を見せながら）ニジェール共和国は日本の３，４倍も広いのに，サハラ砂漠に国土の３分の２を占められています。気温は40度から50度になる過酷な環境です。

では，ここで再び問題です。タイトルにもなっている「フォフォー」はザルマ語ですが，どんな意味でしょう。三択です。１番はおはよう，２番はしあわせ，３番はがんばれよ！　どうでしょう？（生徒は手を挙げる）正解は１の挨拶です。

国民の９割がイスラム教徒であるため，時間がくると何をしていても，アッラーの神に祈りをささげます。「なんて祈るの？」と聞くあゆらさんに，おばちゃんが「みんなの幸せに決まってるだろ」と呆れ顔で答えます。「カドーカドー」とうるさくつきまとって物乞いする人達が，「自分の幸せ」ではなく「みんなの幸せ」を祈る姿に新鮮な驚きを感じます。一夫多妻制や男尊女卑の生活でも，元気でたくましい女性達，貧しくてもひもじくても分け合うことの喜びを知っている子ども達。そんな人々に囲まれて打ちのめされながらも，日本の環境とまったく違うニジェールに溶け込んで生活するあゆらさんに，元気をもらえる本です。

この本は中川なおみさんという作家がかいた物語ですが，あゆらさんには実在のモデルがいるのです。中川さんの娘さんです。これは本の中にはさまれている，このリーフレットに紹介されています。（リーフレットを見せながら）一家で娘の赴任先を訪ねた中川さんが異文化を謙虚に受け入れて，誇りに満ちて生きている娘の姿を見て，これを記録して残さなければと書き上げた本なのです。親子の愛情も感じますね。

さて親子の愛情は，人間だけではありません。『あなたをずっとずっとあいしてる』という絵本は，心優しい草食恐竜のマイアサウラのお母さんに育てられた，最強の肉食恐竜のティラノサウルスの子ハートとおかあさんの愛情が描かれています。まったく性質の違う恐竜でも，本当の親子でなくても，大切な相手を思いやる気持ちは同じだなと思わせてくれます。

次に『大自然のふしぎ　恐竜の生態図鑑』では，ティラノサウルスの強さと武器，マイアサウラの子育てや巣作りの様子が紹介されています。興味のある人は読んでみてください。

いろいろな違いをテーマに本を紹介してきましたが，読んでみたいなと思う本はあったでしょうか？　学校図書館には今日紹介した本の他にも，約１万冊の本があなたを待っています。ぜひ学校図書館に来て，たくさんの違いのある本を見つけてください。

★ワンポイントアドバイス

表紙の絵を参考に，登場人物のイラストを絵の得意な生徒に描いてもらい用意しました。イラストを見せると親近感がわくので，表紙を拡大コピーして提示するのもよいでしょう。

三択クイズを入れて，気軽に参加できるよう工夫するのもよいでしょう。「○○君正解です」と声をかけると盛り上がります。

テーマ3　君と結びし，熱き絆

【設定理由】
　体育祭，文化祭などの行事の主役として活躍する3年生。行事を成功させるまでには，多くの難題を乗り越えていく頑張りが必要です。つらいときを共に乗り越えてこそ熱い絆が結ばれることを感じてほしい。

【対象学年】 中学校3年生

【時間の目安】 30分

【実施するとき】 学級活動

【準　　備】 たすき　ランニングシューズ　袖ケ浦市郷土資料　駅伝の紹介プリント

紹介する本

❶『風が強く吹いている』
三浦しをん 著
新潮社　2006年

❷『彼の手は語りつぐ』
パトリシア・ポラッコ
文／絵
千葉茂樹 訳
あすなろ書房　2001年

❸『あなたがもし奴隷だったら…』
ジュリアス・レスター 文
ロッド・ブラウン 絵
片岡しのぶ 訳
あすなろ書房　1999年

❹『戸村飯店青春100連発』
瀬尾まいこ 著
理論社　2008年

❺『もういちど宙へ：沖縄美ら海水族館人工尾びれをつけたイルカフジの物語』
岩貞るみこ 著
講談社　2005年

❻『ガジュマルの木の下で：26人の子どもとミワ母さん』
名取美和 文
奥野安彦 写真
岩崎書店　2002年

❼『エイズの絵本』
北沢杏子 作
吉永陽子 監修
安藤由紀・長谷川瑞吉 絵
アーニ出版　1996年

第3章　中学校でのブックトーク

● シナリオ ●

　ブックトークという言葉を覚えてくれましたか？　ひとつのテーマのもと，いろいろな本を紹介することですね。
　さて，今日は「君と結びし，熱き絆」をテーマに本を紹介していきたいと思います。
　まずはじめは，この本『風が強く吹いている』です。2006年に『まほろ駅前多田便利軒』で直木賞という文学賞を受賞した作家，三浦しをんさんが書きました。主人公の清瀬灰二（通称ハイジ）は寛政大学文学部４年生。大学生活あと１年となった春，ハイジは自分と仲間が住むアオタケ荘最後の空き部屋の住人となる蔵原走（くらはらかける）と出会います。入学してきた蔵原走を加えて，ハイジはアパートの個性的な面々を集めて話し出します。
　ハイジが目指そうとみんなに呼びかけたものはなんだかわかりますか？　こんなものを使います。（たすきとランニングシューズを見せる）
　「そう，駅伝。目指すは箱根駅伝だ」
　「無理だ。気でもちがったのか。なんで正月早々，短パン姿で襷をかけて山を登らにゃならん」
　みんなはハイジの言葉に混乱します。陸上をやるものには「箱根」は特別な思い入れのある大会であって，「箱根」を目指すのがどれほど大変なことかわかっていたからです。
　さて，ここで問題です。箱根駅伝とは東京大手町にある読売新聞社前から，箱根芦ノ湖を往復する競技ですが，その距離は何キロあるでしょう？　三択です。１番は154km，２番は217km，３番は325km。どれでしょう？（生徒は手を挙げる）答えは２番の217kmです。この距離を10区間に分け，10人で走ります。素人ばかりのチームでしたが，ハイジの適切なアドバイスにより，それぞれが力をつけていきます。本番の日，脛の古傷が痛んで痛み止めの注射をして走るアンカーのハイジは，最後まで走りぬくことができるのか？（少し間を置いて）
　走っている選手の苦しい息づかいが，読んでいる自分にも伝わってきて，最後まで一気に読んでしまう本です。
　さて駅伝という言葉がどこからきたのかというヒントが，この『袖ケ浦市史　通史編』に紹介されています。プリントを配りますのであとで読んでみてください。
　一本の襷を「信頼」という絆でつなぐ友情の熱さを感じさせる本でしたが，次の本は，白人と黒人の人種を超えた友情の絆のお話です。『彼の手は語りつぐ』は，パトリシア・ポラッコが絵と文章を作りました。
　奴隷制度廃止のために起きたアメリカの南北戦争の最中，（場面ごと絵を見せながら）北軍の兵士白人の少年シェルダン（通称セイ）は足を撃たれて草原に横たわっていました。そこへ同じ北軍の兵士ですが黒人のピンクス（通称ピンク）が通りかかり，彼はセイを自分の母モーモーベイの元へ連れてかえります。二人の間には友情が芽生え，やさしいモーモーベイの愛情に包まれて，家族以上の絆で結ばれていきます。ピンクはセイに話します。
　「たとえ奴隷でも，自分の本当の主人は，自分以外にはいないっていうことを」
ピンクに聖書を読んでもらったセイは

「ぼくも字が読めたらいいのに」
と言います。やがて二人は所属部隊へ戻る途中で敵方の南軍につかまり，引き離されてしまいます。二人はいったいどうなってしまったのでしょう。
　セイはピンクの記憶を娘のローザに語り，ローザはその娘のエステラに語りつぎ，エステラは息子のウイリアムに語りつぎ，ウイリアムから語りつがれたパトリシア・ポラッコにより絵本として描かれた実話なのです。
　悲しい人種差別や戦争があったことを，これからも私達は語りついでいかなければなりません。
　奴隷制度については，『あなたがもし奴隷だったら…』にくわしく紹介されています。黒人というだけで，（挿絵を見せながら，ゆっくりと話す）鎖につながれ，むち打たれ，売られ殺されていった人たちがたくさんいたことをぜひ知ってほしいと思います。
　モーモーベイのセイに対する愛情は，温かい母子のようなものでしたが，次は家族の絆を感じさせる小説，『戸村飯店青春100連発』です。
　大阪，住ノ江にある中華料理店，戸村飯店。下町のラーメン屋さんの二人の息子は，ヘイスケとコウスケです。スマートで要領がよく女の子にもてる兄貴のヘイスケと，熱血漢で学校行事もバリバリ張り切って，店の手伝いもよくする弟のコウスケと見た目も性格も正反対。あまり仲が良いとはいえない兄弟二人でしたが，突如決まった弟のコウスケの大学受験を機に，兄のヘイスケは，弟のために動き出します。
　兄弟の絆を軸に，恋，友情，東京と大阪の違いなんかも楽しめる，まさに100連発の青春ストーリーです。
　家族の絆を感じさせるお話の次は，まったく縁もゆかりもなかった人達が，一頭のイルカを助けるために，力を合わせた『もういちど宙（そら）へ』です。
　沖縄美ら海水族館のイルカのフジは，ある時原因不明の感染症によって，尾びれの一部が白くなって壊死してしまいます。手術によって傷もいえたフジですが，尾びれの大部分を切除したために，泳げなくなってしまいました。（写真を見せる）ただ浮くだけのフジに，人工の尾びれを作ってもらおうと，獣医の植田さんは，タイヤメーカーのブリジストンに依頼をします。
　でもなんでブリジストンなのでしょうね？（生徒へ問いかける）それはイルカの体の感触が，ゴムにとても似ていたからです。
　世界で初めてのイルカの人工尾びれ制作が始まりました。何回も試作を繰り返し，休日も返上して東京から沖縄へ通うブリジストンの技術者達。フジに負担のないように装着の練習をする飼育係達。人工尾びれの最終的な加工を担当する造形作家の薬師寺さん。（口絵の写真を見せる）
　たくさんの人がその立場での努力を続ける姿に胸が熱くなり，フジが再びジャンプできるようにと，思わず応援してしまう本です。
　さて，ここでクイズです。イルカには胃袋はいくつあるでしょう？（生徒へ問いかける）答えは4つでした。
　海に住む動物には，よくわからないことが多いそうです。水族館で飼育することにより，より

深く研究することができ，保護活動のやり方もわかってきます。そこに，水族館の存在意義があることがわかります。

　病気になったイルカのフジを，もう一度泳がせたいという思いから，男達の絆が結ばれていきましたが，エイズという病気のために，絆を深めていった人達の本を紹介しましょう。『ガジュマルの木の下で』です。

　タイの北部チェンマイ市郊外のHIV感染孤児施設バーンロムサイ（ガジュマルの木の下の家）で，エイズに感染した26人の子ども達の日々の輝きと，発病させずに普通に生活させたいと願う，施設の代表の名取美和さんと，子ども達の暮らしを描いた写真絵本です。

　タイでは，人口6500万人に対してHIV感染者数は100万人で，約60人に1人が感染者ということになりますが，実際にはもっと多いともいわれています。HIV（ヒト免疫不全ウイルス）に感染して発症すると，抵抗力が低下してさまざまな感染症にかかり，やがて死に至ります。

　でもHIV感染者と握手したり，抱き合ったり，同じスプーンを使って食事をしてもうつることはありません。感染の危険性があるのは，性行為，血液感染，母子感染の三つの経路だけです。タイでは，まだエイズ教育が浸透していない地域も多く，病気への偏見から，感染者やその家族への差別が根強く残っています。

　エイズに関することはこの『エイズの絵本』にもわかりやすく紹介されています。（本を見せたら，表紙を見せておく）

　（再度『ガジュマルの木の下で』を見せ）現在，タイ国内でHIVの母子感染の子ども達は，約7万5000人といわれています。彼らは平均2歳で両親を亡くし，平均5歳で本人も亡くなっていきます。大人の無知と不注意が，罪のない子ども達に悲しい運命を背負わせてしまうのです。

　美和さんは，

　「ここを単なる施設ではなく，子どもたちにとっての新しい"家"にしたい。血のつながりはなくても，この子たちの成長を見守り，支え，"大きな家族"としていっしょに生きていきたい」

と語ります。ガジュマルの木の下で，子ども達の笑顔がずっと続くことを願わずにはいられません。

　絆をテーマにさまざまな本を紹介してきましたが，読んでみたいと思った本はあったでしょうか？　この学校図書館で，いろいろな本と出会って本との絆を深めてほしいと思います。

★ ワンポイントアドバイス

『風が強く吹いている』では，個性的な駅伝メンバーを知ってもらうために，アパートの表札のように名前を書いて出していきました。それを出すので名前を覚えなくてすみます。

　クジラの人工尾びれなどは，口絵の写真を拡大コピーしてみせるとわかりやすいです。

テーマ4　みんないっしょに　ハンディがある人を理解しよう

【設定理由】
　福祉に関する学習（高齢者体験や車いす体験，福祉施設などへの実習体験）のはじめの一歩として，さまざまなハンディがあるなかで生活している人がいることに気づき，理解できるよう本から紹介したい。

【対象学年】中学校1年生

【時間の目安】30分

【実施するとき】総合的な学習の時間

【準　　備】点字本　大活字本　点字器　テープ図書　シャンプー・リンスのボトル　牛乳紙パック　ジュース紙パック

紹介する本

❶『わたしの　おばあちゃん』
ヴェロニク・ヴァン・デン・アベール 文
クロード・K・デュボア 絵
野坂悦子 訳
くもん出版　2007年

❷『きいちゃん』
山元加津子 著
多田順 絵
アリス館　1999年

❸『車椅子バスケのJリーガー』
京谷和幸・京谷陽子 著
主婦の友社　2010年

❹『みえないって　どんなこと？』
星川ひろ子 写真／文
岩崎書店　2002年

❺『バリアフリーの本1　目に障害のある子といっしょに：「障害」のある子も"みんないっしょに"』
竹内恒之 文
折原恵 写真
偕成社　1999年

❻『どんなかんじかなあ』
中山千夏 文
和田誠 絵
自由国民社　2005年

●シナリオ●

　みなさんはこれから福祉の学習でアイマスク体験や車いす体験，高齢者体験をします。また高齢者のための介護施設に行き，福祉体験をする予定の人もいますね。いろいろな体験をする前に，今日は本の中からハンディがあるというのはどういうことかについて考えてみたいと思います。

　それでは，ブックトーク「みんないっしょに　ハンディがある人を理解しよう」を始めます。まずはじめに紹介する本は，『わたしのおばあちゃん』という絵本です。ベルギー生まれのヴェロニック・ヴァン・デン・アベールという人がお話を書きました。（１冊を読み聞かせする）

　おばあちゃんが大好きな気持ちが伝わってくる，すてきな絵本ですね。認知症になってしまうとどんな様子なのかもわかりましたね。

　高齢になると人に手助けしてもらうことが増えてくるし，認知症になって何もかも忘れてしまうことは，とても悲しいことです。でも，人間としての尊厳は持っているのです。ですから，今まで「かわいそうだから，何でもやってあげよう」という保護の考えから，「自分でできることはやってもらい，できない部分をお手伝いする」自立支援という形に，支援の仕方も変わってきました。お年寄りは，今までの経験から私達の知らない技術や知恵をたくさん持っています。それらを教わったり，いっしょにできることを楽しんだりすることができたらとてもいいですね。

　次に紹介する本『きいちゃん』の主人公は小さいときに高熱が出たことから，手や足が思うように動かなくなってしまいました。そして高校生になった今も，訓練を受けるために家を遠く離れて学校にいます。そんなきいちゃんに，うれしいしらせが届きます。お姉さんが結婚することになり，結婚式に出席することになったのです。

　でも１週間後，一人で泣いているきいちゃんをみつけました。

　「おかあさんがわたしに，結婚式に出ないでほしいっていうの。おかあさんは，わたしのことがはずかしいのよ。わたしなんて生まれてこなければよかったのに……」

　きいちゃんのおかあさんは，いつもきいちゃんのことを考えているような人でしたが，お姉さんに肩身のせまい思いをさせるのではと考えたのかもしれません。（挿絵を見せながら）先生はきいちゃんに「結婚式のお祝いのプレゼントをつくろうよ」と言いました。真っ白な布を買ってきて，きいちゃんといっしょに，夕日の色に染めました。その布で，ゆかたをぬってプレゼントすることにしたのです。きいちゃんは間違って針で指を指して，練習用の布が血で真っ赤になっても，「お姉ちゃんの結婚のプレゼントなんだもの」と縫うのをやめようとはしませんでした。結婚式の10日前に，ゆかたができあがりました。

　お姉さんからきいちゃんに，「先生と一緒に結婚式に出てほしい」と電話が入りました。花嫁姿のお姉さんはとてもきれいでした。そしてお姉さんからきいちゃんへ素敵なプレゼントが用意されていたのです。この続きは本を読んでくださいね！

　きいちゃんは病気で手足が不自由になってしまいましたが，事故で体の自由を失う人もたくさんいます。『車椅子バスケのＪリーガー』の作者，京谷和幸さんです。（表紙の写真を見せながら）

　1971年，北海道生まれの京谷さんは，元Ｊリーガーでジェフ市原（現千葉）のMFとして活躍

していました。妻陽子さんとの結婚を控えていたある日，交通事故による脊髄損傷のため，車いす生活となってしまいます。妻の陽子さんは，彼が車いす生活になると知ったとき，何も知らない彼に婚姻届に印を押すように迫ります。歩けなくなった彼を私が支えるのだという愛，そんな妻や子どもに誇れる自分でありたいとがんばる和幸さんの姿に胸がいっぱいになります。

彼はリハビリの一環として車いすバスケットボールを始め，2000年シドニー・パラリンピック，2004年アテネ・パラリンピックに日本代表として出場。2008年北京・パラリンピックで日本選手団主将を務め，現在は，障がい者リクルーティングアドバイザーとして活動しながら，ロンドン・パラリンピックの出場をめざしている京谷さんに，元気と勇気をもらえる本です。

本の中では，仕事を探すのにも，車いすバスケの練習にもついていけずに苦労した話も出てきます。彼がどのように苦難を乗り越えていったのかをぜひ読んでみてください。

車いすでの移動は，段差など大変なことが多いと思いますが，目が不自由な人にとっても，町を歩くことは大変です。『みえないって　どんなこと？』に登場するいぐちめぐみさんは，盲導犬エルバとともに生活しています。盲導犬はハーネスをつけています。(写真を見せながら) ハーネスをつけているときは，盲導犬はお仕事中です。

かわいいからといって撫でたり，お菓子をやったりしてはいけません。厳しい訓練を受けているので，人に足を踏まれても決して人にかみついたりしません。よその犬に吠えられても，絶対に喧嘩もしません。オシッコもウンチもハーネスをつけている間は我慢するそうです。盲導犬ってすごいですね。

めぐみさんは一人暮らしをしています。だからお買い物もエルバといっしょにします。最近は目が不自由な人のために，(実物を見せながら) リンスと区別できるようにシャンプーの方には，わきに小さな線がたくさん入れられて，触るとわかるようになっています。(実物を見せながら) 牛乳パックにはジュースのパックと区別が付くように小さなくぼみがつけられています。

これらはユニバーサルデザインといって，多くの人が使いやすいように工夫された建物や製品のことをよびます。でも (写真をみせる) 同じ容器の納豆やパック詰めされた牛肉や豚肉の違いはわかりません。そんな時はあなただったらどうしますか？(答えを聞いてから) めぐみさんは「なにかおてつだいすること，ありますか？」って声をかけてもらえるとうれしいですといいます。

みなさんも，そんなときは進んで声をかけてくださいね。どんなに便利になっても，人の手助けが一番重要なことですね。

さて，町を歩いていると，こんなものを見かけることがありますね。(『目に障害のあることいっしょに』の中の点字ブロックの写真を見せる) 点字ブロックといって，まっすぐに進んでも安全を示し，ここで変わりますよと合図をしてくれるものです。黄色で大きく弱視の人でもわかりやすく工夫がされています。でも，あまり関心がない人たちは，その点字ブロックの上に自転車を止めてしまう，車を停車させてしまうことがあります。

点字ブロックを頼りに歩いている人にとっては，本当に困ったことだと，この『目に障害のある子といっしょに』という本が教えてくれています。

この本には，目が不自由な人が，文字を読むための「点字」についても紹介されています。点字はフランスのルイ・ブライユという人が発明して，日本には1890年に採用されたそうです。（点字の発明のページを見せながら）6つの点を組み合わせて，言葉を表します。50音すべてが，6つの点で表されているなんて，すごい工夫ですね。

　学校図書館にはこの点字を打つ，点字器というのがあります。点字に興味のある人や，点字を打ってみたいと思う人は，声をかけてください。貸し出すことができます。

　（実物を見せながら）この点字本は，中央図書館からお借りしてきたものですが，印刷された1冊の本と同じ内容の点字本を作ると，4冊にもなってしまうことがわかりますね。中をあけてみると，真っ白で，指で触ると，小さなでこぼこがたくさん並んでいます。これを指で読みとって，本を楽しむことができるわけです。その他に，目の不自由な人のために，声を録音した録音図書というものもあります。大活字本といって活字を大きくして出版された本もあります。値段が高く，かさばることが難点です。

　では最後の本を紹介します。『どんなかんじかなあ』です。（絵を見せながら）ここに登場する僕は目の不自由な友達の気持ちを知ろうと，目をつぶってみます。そうしたら，いろいろな音が聞こえてきました。次に耳が聞こえない友達の気持ちを知ろうと，耳栓をしてみました。すると，今まで気がつかなかったものが，たくさん見えてきたそうです。その人の気持ちになってみるって，とてもたいせつなことですね。

　私達は，今どこかが痛かったり，弱かったり，苦手だったりすることはあるけれど，障害はもってはいないかもしれません。でもそれは，「一時的に障害のない体」というだけのことです。明日交通事故で，車いすの生活になってしまうかもしれないし，病気になって，体のどこかがマヒして動かなくなってしまうかもしれません。そして，だれでもいずれは高齢者になり，どこか不自由になることでしょう。

　だから，「自分には関係ないや」と思わずに，ハンディがある人も，ない人もみんないっしょに，楽しんで生活できる社会にするようにしていきたいと思います。しばらくの間，大活字本や点字本，テープ図書を学校図書館に展示しておきますから，ぜひ見に来てください。

　では，今日のブックトークを終わります。

写真3-3　車いすバスケの話に興味津々の生徒達

★ ワンポイントアドバイス

　点字本，大活字本，テープ図書，点字器などは，普段見る機会が少ないので，公共図書館等で借りておき，見たり触ったりできるようにしておくとよいでしょう。

テーマ5　古典のとびら　故事成語

【設定理由】
　故事成語を調べる前に，故事成語とはどんなものかを確認し，役に立つ本を紹介することでスムーズに調べ学習へ進めるようにしたい。
【対象学年】中学校1年生
【時間の目安】15分
【実施するとき】国語
【準　備】成語や出典を書いた提示用の用紙　ブックリスト

紹介する本

❶『三省堂中国故事成語辞典 ワイド版』
金岡照光 編
三省堂　2010年

❷『新明解四字熟語辞典』
三省堂編修所編
三省堂　1998年

❸『中国の古典文学3　史記上・下』
司馬遷 著
藤本幸三・竹内良雄 訳
さ・え・ら書房　1976年

❹『中国の古典文学14　故事と成語』
大石智良 編
さ・え・ら書房　1978年

●シナリオ●

　みんなは，「井の中の蛙大海を知らず」とか「百聞は一見にしかず」という言葉を聞いたことがあると思います。これらは中国の昔話からできたことわざです。(完璧と矛盾と書いた紙をはりながら)「今度のテストは"完璧"にできた」とか「その話は"矛盾"している」などと日常生活でよく使う熟語もあります。これも中国の話がもとになっています。

　このようにことわざや特別な意味を持った熟語を「成語」といい，それが生まれたもとの中国の昔話を「故事」と言います。(故事と成語と書いた紙をはりながら)これらは，この『故事と成語』に紹介されています。

　「井の中の蛙大海を知らず」は，この『三省堂中国故事成語辞典』で調べると，世間知らず，ひとりよがり……と言うように説明されています。

　体育祭のときに使われたのぼりの言葉は「天下無双」だったけど，この言葉は『新明解四字熟語辞典』には「天下に並ぶものがないほど，すぐれたさま。また，その人。」と説明されています。この言葉も中国の古典の中に出てくる言葉です。この『新明解四字熟語辞典』には，5600の

言葉が集められています。

　さて，熱く盛り上がった体育祭も終わり，好きな釣りを楽しむ人もいるでしょう。この「太公望」（言葉を書いた紙をはる）という言葉は，釣りをする人という意味ですが，『史記』という本にはこのように描かれています。（清伯が猟に出かけて呂尚という釣り人に出会います。呂尚と語りあいすっかり気に入った清伯は，彼に太公望〈太公が待ち望んでいた人物という意味〉という名をあたえ，軍師に任命したいきさつの部分を読む）

　この本は今から2000年も前に中国で書かれた本です。このように成語のもとになっている故事が載っている本は，こんなにあります。（論語・孟子などの出典を模造紙に書いておき，見せながら説明する）これらの本の大部分が，紀元前に書かれたので現在では意味がちがって伝えられたものもあります。ではここでクイズです。「破天荒」とは，①豪快で大胆な様子，②だれも成し得なかったことをすることのどちらでしょう。（『三省堂中国故事成語辞典　ワイド版』から正解を説明する）

　こうやって日頃使っている成語のもとは，どんな故事から生まれてきたのかを調べてみると成語に対する理解を深めることができると思いますので，いろいろな故事成語を調べてみてください。この『故事と成語』や『三省堂中国故事成語辞典　ワイド版』が役に立つと思いますので，利用してください。

　最後にこの「矛盾」という漢字は高校入試に読みの問題としてよく出されるようですので，この機会にしっかり覚えてください。「蛇足」ですがお知らせしておきます。（矛盾・蛇足と書いた紙をはる）

★ ワンポイントアドバイス

　ブックトークの後に故事成語を調べるので，どんな資料があるかわかるようにブックリストを配ります（82〜83ページ参照）。ブックトークの中で紹介した内容も入れておくと資料として保存してもらえます。

写真 3-4　ブックトークの後，故事成語を調べる

写真 3-5　生徒達の作った『故事成語辞典』

生徒に配布したブックリスト

故事成語を調べよう

昭和中学校図書館

No.	書　　名	出版社名	分類	所蔵館	備考
1	孟子	日中出版	123	中央図書館	
2	論語	岩崎書店	123	中央図書館	
3	易経　上	岩崎書店	123	中央図書館	
4	易経　下	岩崎書店	123	中央図書館	
5	漢字のこころ	五月書房	821	中央図書館	
6	漢詩の楽しみ	時事通信社	921	中央図書館	
7	韓非子とマキアベリ	産能大出版部	124	中央図書館	
8	考経・曾子	岩波書店	123	中央図書館	
9	古典のかがみ	大修館書店	123	中央図書館	
10	詩経	明徳出版社	123	中央図書館	
11	孫子	岩波書店	39	中央図書館	
12	中国古典四字句の知恵	太陽企画出版	824	中央図書館	
13	中国人はやっぱりエライ…の故事成語	ベストセラーズ	824	中央図書館	
14	陶淵明	日中出版	921	中央図書館	
15	唐詩名作選	日中出版	921	中央図書館	
16	杜甫	日中出版	921	中央図書館	
17	兵法家伝書	岩波書店	39	中央図書館	
18	論語の読み方	祥伝社	123	中央図書館	
19	漢文の読み方	岩波書店	82	中央図書館	
20	故事成語で中国を読む	筑摩書房	82	中央図書館	
21	ことわざ・慣用句おもしろ辞典	さ・え・ら書房	38	中川小	
22	例解学習ことわざ辞典	小学館	813	中川小	
23	ことわざ大発見	ポプラ社	810	根形小	
24	ことわざ絵本	岩崎書店	38	根形小	
25	例解学習ことわざ辞典	小学館	813	蔵波小	
26	例解学習ことわざ辞典	小学館	813	奈良輪小	
27	マンガで学習ことわざ辞典	あかね書房	38	奈良輪小	
28	中国故事成語辞典	三省堂	823	蔵波中	
29	故事と成語	さ・え・ら書房	928	蔵波中	
30	史記　上・下	さ・え・ら書房	928	蔵波中	
31	新明解四字熟語辞典	三省堂	813	蔵波中	
32	標準ことわざ慣用句辞典	旺文社	813	蔵波中	
33	まんが四字熟語なんでも事典	金の星社	814	蔵波中	
34	古代の思想　儒家と道家	さ・え・ら書房	928	蔵波中	

35	中国故事成語辞典	三省堂	823	長浦中	
36	レインボーことわざ辞典	学研	813	長浦中	
37	標準ことわざ慣用句辞典	旺文社	813	長浦中	
38	ことわざ・慣用句おもしろ辞典	さ・え・ら書房	388	長浦中	
39	故事と成語	さ・え・ら書房	928	長浦中	
40	中国故事成語辞典	三省堂	823	昭和中	
41	出典のわかる故事成語・成句辞典	明治書院	813	昭和中	
42	慣用ことわざ辞典	小学館	388	昭和中	
43	用例でわかる故事ことわざ辞典	学習研究社	813	昭和中	
44	故事と成語	さ・え・ら書房	928	昭和中	
45	論語	ポプラ社	921	昭和中	

故事成語って何？

ことわざや，特別な意味を持った熟語を「成語」といい，それが生まれたもとの話「故事」といいます。（参考資料『故事と成語』大石智良編　さ・え・ら書房　1978年）

どんな故事成語があるかな？

「井の中の蛙大海を知らず」「百聞は一見にしかず」といったことわざ，「完璧」「矛盾」など，日常生活で使う熟語も，みんな中国の話から生まれたものです。
『三省堂中国故事成語辞典　ワイド版』には，3000もの故事成語が紹介されています。

出典を調べよう

『孟子』（もうし）「五十歩百歩」
『戦国策』（せんごくさく）「漁夫の利」
『史記』（しき）「百発百中」
『宗史』（そうし）「一網打尽」
『論語』（ろんご）「一を聞いて十を知る」
『淮南子』（えなんじ）「塞翁が馬」

これらの話の大部分は紀元前の昔にできました。
司馬遷の書いた『史記』は今から，二千年前に作られました。『論語』の作者の孔子は紀元前500年ごろに生きた人です。

意味が変化しているものもある

「天高く馬肥ゆる候」は，書簡文として使われています。
この「天高く馬肥ゆ」は，『漢書』の匈奴伝を出典としています。秋の好時節をいいますが，匈奴（北方の異民族）が力をつけて侵入してくるから気をつけろと，警戒の言葉でもあったそうです。
平和な現代では秋のあいさつとして使われる言葉ですが，もとはまったく違った意味ですね（参考資料『三省堂中国故事成語辞典　ワイド版』金岡照光　編　三省堂　2010年）。
このように私たちが日ごろ使っている成語が，もとはどんな故事から生まれてきたかを調べてみると，成語に対する理解を深めることができます。
ぜひ，たくさんの故事成語を調べてみましょう。

テーマ6　語りつごう「戦争と沖縄」

【設定理由】
　沖縄戦の悲惨さを知り，戦渦に巻き込まれた住民の苦しみを感じ取り，今後の学習への関心を高めたい。

【対象学年】中学校3年生
【時間の目安】30分
【実施するとき】国語
【準　備】博物館から借りた資料　拡大コピーした写真

紹介する本

❶『沖縄　まるごと大百科
⑤沖縄の歴史』
新城俊昭　監修
村田昌三・吉田忠正　文
ポプラ社　2005年

❷『少年少女世界のノンフィクション　ひめゆり部隊のさいご：太平洋戦・沖縄学徒隊の悲劇』
金城和彦　著
鈴木登良次　絵
偕成社　1966年　購入不可

❸『ひめゆりの沖縄戦：少女は嵐のなかを生きた』
伊波園子　著
岩波ジュニア新書
1992年

❹『母と子でみる　ひめゆりの乙女たち』
朝日新聞企画部　編
草土文化　1983年

❺『ぬちどぅたから：木の上でくらした二年間』
真鍋和子　作
渡辺皓司　絵
汐文社　1998年　絶版

❻『母と子でみる　20世紀の戦争　沖縄地上戦』
共同通信社　写真
荒井信一　解説
草の根出版会
2001年　絶版

❼『白旗の少女』
比嘉富子　著
依光隆　絵
講談社青い鳥文庫
2000年

第3章　中学校でのブックトーク

❽『野坂昭如戦争童話集　沖縄篇
ウミガメと少年』
野坂昭如　作
男鹿和雄　絵
早川敦子　英訳
徳間書店　2008年

❾『野坂昭如戦争童話集　沖縄篇1
ウミガメと少年』
野坂昭如　作
黒田征太郎　絵
講談社　2001年

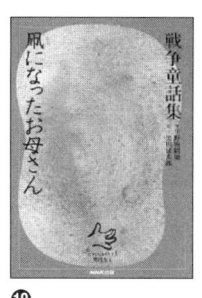

❿『凧になったお母さん：
戦争童話集　忘れてはイ
ケナイ物語り』
野坂昭如　原作
黒田征太郎　絵
NHK出版　2002年　購入不可

ブックトークの前に戦争時展示品の紹介

　袖ケ浦市郷土博物館からお借りした太平洋戦争時の展示品の紹介をする。（代表生徒に，軍服，軍靴，ゲートルを着用してもらい，みなに見せながら，どのように使われたかを説明していく）軍靴にはビョウが打ってあり，動作の遅い兵隊は，その靴で殴られ口が切れて血が吹き出たこと。ゲートルは，軍靴の上から膝までをきっちり巻けないと，長い行軍を歩くことができず大変だったこと。千人針は，出征する兵隊さんの無事を祈って，女性が赤い糸で一人一針縫ったお守りのようなもの。「虎は千里行って千里帰る」ということわざによって無事に帰れとの願いが込められて作られたことを紹介する。（代表生徒を席に着かせてから，本の紹介を始める）

● シナリオ ●

　沢山の人が戦い，多くの犠牲者を出した太平洋戦争とは，どんなものだったのか，とくに沖縄戦で，どんなことが起こったのかを，本や写真から紹介していきます。（スクリーンに戦闘のDVDを消音で映しながら行う）

　まず『沖縄　まるごと大百科⑤沖縄の歴史』を国語の佐藤先生に，一部読んでいただきましょう。（学校司書は本の表紙を見せ，佐藤先生にバトンタッチをする）
（日本が太平洋戦争へ突入するまでの動きと，米軍の沖縄への空襲の様子を佐藤先生が朗読している間，学校司書は，拡大コピーした写真を提示する）

　この写真を見てもわかるように，海岸は，大量の艦隊と人数で攻め込んできた米軍によって，埋め尽くされました。米軍が激しい艦砲射撃をはじめた3月には，みなさんより少しお姉さんの16歳から20歳の女子生徒に従軍命令が出たのです。軍と共に戦場へ行く従軍看護婦として，怪我をした兵士の看護にあたりました。「ひめゆり部隊」はその女子学徒隊の一つで大変有名です。『ひめゆり部隊のさいご』から佐藤先生に読んでいただきます。（本の表紙を見せながら佐藤先生と代わる）（負傷した兵隊がぞくぞくと運ばれ，切り取られた手足の後始末を彼女たちが行ったところを佐藤先生が朗読）

続けて『ひめゆりの沖縄戦』から紹介していただきます。（医薬品がないので負傷した兵士たちの傷口が腐敗していく様子を佐藤先生に朗読してもらう）各野戦病院の中では"処置"ということが行われました。本来，怪我や病気を治すべき病院において，軍の機密がもれることを恐れた日本軍は，戦いの役に立たなくなった兵隊たちを殺害しました。重症患者たちには青酸カリ入りのミルクが与えられ，死にきれないものを衛生兵が銃剣で突き刺したのです。
　次に『母と子でみる　ひめゆりの乙女たち』から朗読していただきます。（軍と共に行動していた女子学徒達が，ガマと呼ばれる壕からも追い出され，戦火にさらされて命を落としていったところを佐藤先生が朗読）
　（郷土博物館から借りた『少年倶楽部』を見せながら）
　若い命を落としたのは，少女達だけではありません。この少年雑誌『少年倶楽部』の中を見てもわかるように，兵隊の数が少なくなった日本は，少年を戦地へ駆り立てる記事を，子ども向けのこの雑誌にも載せていました。佐藤先生に『ひめゆり部隊のさいご』から朗読してもらいます。
　（沖縄戦下の各中学校では，祖国防衛のための男子学徒隊を編成し，鉄血勤皇隊と呼ばれた部分を朗読してもらう）（続いて『母と子でみる　ひめゆりの乙女たち』から男子学徒隊の任務を佐藤先生に紹介してもらう）
　（学徒隊となった少年の写真を見せながら）
　こんなに幼い少年達が日本軍と共に行動して，海と空から，また火炎放射や爆弾の息つく間もない攻撃によって戦死，自決していきました。
　『ひめゆり部隊のさいご』から彼らの残した遺書を紹介しましょう。○○君と○○君に読んでもらいます。（事前に生徒に原稿を渡しておき，起立して朗読してもらう）ありがとうございました。
　少年達が死を覚悟して戦いにのぞんだことがわかりますね。
　さて，この沖縄戦では，一般の住民からもたくさんの犠牲者がでました。『ぬちどぅたから』から佐藤先生に朗読をお願いします。（佐藤先生は赤紙が来ると男性はだれでも軍隊に入らなければならなかったところを朗読）この本は，タイトルにもあるように，主人公は戦争が終わって２年間も，木の上で生きてきました。なぜだろうね？（問いかけると生徒達は考えている様子）それはアメリカ軍が基地を作るために，ずっと沖縄に居座っていたため，主人公は戦争が終わったのを気づかなかったからなのです。その時から今も，沖縄の人たちは，基地に苦しんでいることを，忘れてはいけませんね。
　では佐藤先生に『20世紀の戦争　沖縄地上戦』から，朗読していただきます。（佐藤先生は住民達が日本軍から避難場所であるガマから追い出され，自殺や集団自決を迫られた部分を朗読）（学校司書は，朗読に合わせて写真を提示する）
　次は『白旗の少女』です。この本には，地獄のような一般住民の生活が書かれています。当時７歳だった作者の比嘉富子さんは姉さん達とはぐれ，たった一人で戦火の中を生き抜きます。日本軍から，「アメリカ軍はとても残忍で，人を殺すことなんて何とも思っていない。女や子ども

を平気で八つ裂きにする」また「捕虜になることは恥ずかしいこと。潔く死ぬように」と，命令されてきました。住民達は，手榴弾で自らの命を絶ったり，家族や仲間が互いに刀や槍で斬り合ったりして死んでいく姿を，富子さんはたくさん目撃してきました。

　ですから，出て行けば殺されるのではないかと思いながらも，あるガマで出会ったおじいさんとおばあさんに，生きぬくように強く言われて，無事に救出されたのです。（富子さんが白旗を持った写真を見せながら）その時の写真が，43年後に発見され，比嘉さんは当時のことをこの本につづりました。

　小さな少女の賢明な姿に「生き抜く知恵と力」を持つことのすばらしさを教えられる本です。

　教科書にある「ウミガメと少年」の作者の野坂昭如さんも戦争の体験者であり，皆さんも知っている『火垂るの墓』では直木賞という文学賞を受賞しました。野坂さんは『火垂るの墓』の主人公と同じように，妹を栄養失調で失い，養父母を神戸大空襲で失い，孤独に生き抜いてきました。

　野坂昭如さんの戦争童話集には，火の中で，子どもに少しでも水気のものを与えてやりたいと，必死でお乳をしぼる母親の愛を描いた『凧になったお母さん』もあります。戦争の恐ろしさ，むなしさ，極限におかれた人間の無力さ，やさしさなどを感じさせられるお話がたくさんあります。

　また学校図書館には，絵本の『ウミガメと少年』も黒田征太郎さんの絵の講談社版と男鹿和雄さんの絵の徳間書店版と２種類置いてあります。ぜひ読み比べてみてほしいと思います。

　今日紹介した本を読んで，真実を知り，平和の尊さをみなさんも語りついでいってほしいと思います。では，「語りつごう「戦争と沖縄」」をテーマにしたブックトークを終わります。

★ ワンポイントアドバイス

　写真などを拡大コピーしておき，先生の朗読中に提示していくと，話が理解しやすいようです。

　じっと聞いているだけでは，疲れたり眠くなったりするので，生徒に遺書を朗読してもらう，展示品を着用してみなに見せるなどの工夫ができるとよいでしょう。

写真３−６　軍服や千人針の説明に聞き入る生徒達

写真３−７　国語科の佐藤綾子先生と学校司書とのブックトーク

中学校の学校司書として

授業で使われる学校図書館を目指して

　学校司書としての活動を振り返ってみると，まず「授業で活用される学校図書館」を目指して，「学校図書館が生徒に力をつける存在でありたい」と思い続け，努力してきました。

　そのために，学校図書館で行われる授業や学校図書館の本を使って教室で行う授業は，必ず写真を撮り，先生が配布したプリントや生徒の作品の一部や指導案などはいただいたり，コピーしたりして保存していきました。それらをファイルしておき，他の先生が同じ単元で学校図書館を使いたいと相談されたときに，ファイルを見てもらい参考にしてもらいました。百聞は一見にしかずで，ファイルを見ると授業のイメージがわくようで，それを参考にしてさらに工夫を凝らした授業が行われました。13年間でファイル（Ａ４サイズ40ポケット）が27冊になりました。これは私の財産となっています。

授業への関わり方

　たとえば英語科の先生からの依頼で，「教室で英和辞典を使いたい」という相談でも，辞書を教室へ運んで終わりにはせず，授業中の教室へお邪魔して実際にどのように辞書を活用するのか参観させてもらい，写真も撮らせてもらいます。そうすることで，この学年ではこの単元のときに辞書が必要になるとか，英和辞典を使って授業のはじめに早引き競争をさせていることがわかりました。そして，複数学年で使用することも多いので新しい英和・和英辞典の購入を計ることになりました。

　少しずつ授業に関わるようになったことで，ブックトークを授業で活用してもらうことを，先生に提案できるようになってきました。テーマ６の「語りつごう「戦争と沖縄」」（84～87ページ参照）は，国語の先生からの「沖縄戦を理解することができるビデオがないかな？」という依頼がきっかけでした。ビデオも探しましたが，あまり具体性や真実味があるものが見つからず，学校図書館にある沖縄に関する本を使ってもらえたら！という思いから，「ブックトークで本から学んでもらいたい」と先生に提案しました。先生は学校図書館でブックトークを入れた学習ができるという発想がなかったので，大変喜んでくださり，授業への支援が決まりました。

先生との打ち合わせが大切

　授業の支援に入る場合は，先生とよく打ち合わせをすることが大切です。沖縄戦についてのブックトークのシナリオを作って先生に見せたときは，「１時間の授業でこれだけの内容を話したら，子どもの頭がパンクしちゃうかも」と指摘を受けました。私が一人で準備しているとあれもこれもと，盛りだくさんになってしまったようです。先生と相談しながら，紹介する部分を減らし，難しい言葉はわかりやすい言葉に直すなど，シナリオを修正することができました。生徒が聞いてばかりでは飽きてしまうので，ビデオで沖縄戦の映像を流す（音声は切っておく），生徒に軍服を着せる（袖ケ浦市郷土博物館よりお借りしたもの），少年兵役の生徒に当時の生徒が残した遺書を読んでもらうなどといったように工夫をしていき，ブックトークのシナリオが出来上がりました。本の紹介部分を学校司書が行い，内容の朗読を先生が行う二人のブックトークが完成しました。その後４年間，４人の先生が３年の国語科の担当となりましたが，ずっと「語りつごう「戦争と沖縄」」のブックトークは国語科の

先生と学校司書と二人のスタイルで続けています。

地域との連携をコーディネート

袖ケ浦市郷土博物館との連携授業の実践を聞いた他県の学校司書が，地元の博物館に交渉して，やはり戦争時の品をお借りして生徒に見せることができたと話してくれました。本書を読んで，ブックトークをやってみようと思った方は，ぜひ地元の博物館や，近所のお年寄りに相談してみることをおすすめします。

松尾芭蕉の「奥の細道」でも，博物館から江戸の旅道具をお借りして本とともに紹介しました。また博物館の学芸員から地域の戦争体験者を紹介してもらい，学校に招いて体験を聞く授業のお手伝いをしたこともあります。学校司書の提案で地域との連携ができ，授業を活性化することもできます。

本を選ぶ力を養う

本の購入にあたっては，限られた予算の中で行う訳ですから，学校図書館に置くのにふさわしい本かどうかを選ぶ力を持ちたいと思っています。そうして選んだ本は，必ず生徒に読んでもらえるように，図書便りやおすすめ本のポスター，掲示，そしてブックトークで紹介しようと努めています。

逆に，廃棄についても注意が必要です。出版界では，出版される本とともに絶版となる本も多くあります。授業の導入や発展，調べ学習などに使われる本には，絶版となってしまった本でも必要になることも多いです。実践例の中でも絶版となった本を入れましたが，学校図書館だからこそ残しておくべき本もあります。古くなったから，汚くなったから廃棄本と安易にはせず，大切に保存し活用すべき本も見極める力を養っていきたいと思います。

本と生徒を結ぶ，本と先生を結ぶ

ブックトークを始めた頃，ある先生から「先生，すごいことやってるんだってね」と声をかけられたことがあります。何人もの生徒がライフ（先生との交換ノート）に「和田先生（筆者）のブックトークおもしろかった」「○○って本が読みたくなった」などと書いてくれたそうで，これを聞いたときは，うれしくて，これからもブックトークを頑張るぞと励まされました。学校司書として一番大切な仕事は，本と生徒を結ぶ，本と先生を結ぶことだと考えています。ブックトークは本と生徒を結ぶためのひとつの方法です。ブックトークで本を紹介すると，生徒から面白い本を知っている人として一目置かれるようになります。「先生のおすすめの本は何？」「この前の本よかったよ」などと言われるようになると，もうブックトークをやめられなくなります。そして，生徒にとって学校図書館が身近で楽しい場所として感じてくれるようになり，生徒達と仲良しになれるきっかけにもなります。学校図書館に，学校司書がいて「専門家として（最初は多少自信がなくても大丈夫！）みんなの本の相談にのるからね！」とアピールするためにも，ぜひブックトークに挑戦してみましょう。

第4章 高等学校でのブックトーク

1　高等学校でブックトークをする意義

1　本を読ませたい

　高校で学校司書をしていると，中学まで本が好きだった生徒は，いったいどこへ行ってしまったのだろう，と思うときがあります。あるいは，今までまったく本を読んだことがないと言っている生徒もいます。本が身近な環境になかったため読まなかった可能性がありますから，学校司書のいる学校図書館に来られる今が，チャンスかもしれません。本を読み続けている生徒も少数ながら存在しますが，多くの高校生の日常生活の中に，本を読むための時間は組み込まれていません。彼らの時間を支配しているのは，部活動やアルバイトやメールを含めた友人との付き合い，音楽，ゲームなどです。彼らは「読書をする時間がない」「何読んでいいかわからない」「本なんてなくても生きていける」と言っています。

　そんな状況でブックトークの時間をとってもらうように先生方に提案すると，「高校生向けにブックトークをして聞いてくれますか？」「ブックトークにどんな意味があるんですか？」という疑問の声が聞こえます。しかし，本当に本が苦手な生徒は各クラスの1〜2割であるという印象を持っています。生徒達は，学校の宿題が出たときや朝読書で本が必要になったとき，ちょっと時間が空いたとき，待ち合わせ場所などに学校図書館を利用します。そして本を選び読んでいます。彼らは「本は必要だし，読んだ方がいい。自分に合った本があれば読みたい」と思っています。本なんていらないとは本当は思っていないようです。

　高校でブックトークをするには，このように一見矛盾したように見える高校生の心を動かし，本に興味を持ち，読んでもらわなくてはなりません。生徒を読む気にさせたいのです。こんな気持ちを込めてブックトークを行っていると，熱意が生徒に伝わっている手応えがあります。自分の感情を表現することがとても不得意で，感想を言葉にしませんが，何となくうれしそうに図書館に来る姿が多く見られるようになるのです。どんな本が面白いか，自分に合う本はどれか聞いてくる生徒が増えてきます。そして，否定的だった先生方も，その変化に気がついてきます。保護者に「うちの子どもは勉強もせず本ばかり読むようになって」と言われたと担任に報告されたときは，読みたい本に出会えた生徒を，褒めてあげたい気持ちでいっぱいになりました。

　このような変化や，エピソードに出会えると，学校で読書指導に関わることができる幸せを感じます。本と図書館に親しみを持ってもらう助けとなるブックトークを気長に続けていきましょう。

2 高校生へのブックトーク

　高校で，学級全員に対するブックトークの事例はあまり聞きません。行動範囲も広がり，自分にあった楽しみをそれぞれが見つける年齢で，大人の働きかけに対して歓喜の声を上げることも，生き生きとした表情で見つめてくれることも少ないことも一因でしょう。高校は，学校ごとに異なる校風があり，それに応えられるシナリオ作成には時間がかかります。紹介する側に膨大な本の知識が必要です。古典的名作から映像化した原作の小説，専門書の入口を誘う本まで高校生の興味関心は多種多様です。それに対応するには職員が複数必要ですが，たいていの場合，学校司書一人ですべてに対応するブックトークをしなければいけません。他校で実践した数少ないブックトークのシナリオは生徒のタイプが違うので，多くはそのままでは使えません。

　今の高校生が，生活の中で趣味以外の本を知る機会はとても少なく，本を紹介してもらう機会もめったにありません。本は，言葉を知り，知識を得て，心豊かな生活を送る手段として欠かすことができないのですが，適切な本と生徒とを結びつけてくれる機会が少ないのです。そこで，高校では，個人に対して，または数人に対して学校図書館で短いブックトークをすることが大切だと思います。高校生は，悩みだらけです。だれもが何かに不安を感じ，不満を持っています。ときに「大人は信用できない」「生きている意味がわからない」などと言い出す生徒もいます。それでも学校図書館に来るのは，本によって救われたい，きっと救われるきっかけが見つかると気づいているからのようです。そんな生徒の心に合った本をすすめることができると，彼らは少しずつ変わります。何気なく似たような本をすすめているうちに，自分に合った本が自分で探せるようになるのです。

❷ ブックトークをするときと場所

1 ブックトークの時間

　知識の定着や大学受験に対応できる学力を身につけさせるために心を砕いている先生方にとって，授業時間にブックトークを入れるのは難しいようです。高校でブックトークをする場合，ロングホームルームの空いた時間や，定期テストの答案返却後の数分や急な自習の時間などに行うのが一般的です。事前に計画されていた時間ではなくともブックトークで何を紹介したいのか目的をはっきりさせましょう。読書週間や調べ学習をしている期間に合わせて設定すると目的がはっきりします。10分であっても生徒にとって貴重な体験になりますので，しっかり準備して臨みたいものです。

2 学校図書館で行うブックトーク

　せっかく生徒が学校図書館に来ているのですからその環境をおおいに利用しましょ

う。本棚から本を取り出してその場で紹介する，という演出も効果的です。その場合，棚の奥など紹介しなければ絶対に気づかないような場所に，話題の本があればより効果的です。その後，思いがけない棚から好みの本を見つけ出す，きっかけとなります。

　ブックトークは，指定された時間の中で大体の時間配分をしておきます。できればそれを最初に生徒に伝えておくといいでしょう。生徒もこの話をどれくらい聞くのかの目安となり，集中することができます。約束の時間より短めに切り上げるぐらいがいいでしょう。少し本を眺める時間がほしいからです。紹介した本は今すぐに読んでほしい本ばかりなので，学校図書館でブックトークを行う場合はその場で貸出ができる利点があります。ブックトーク終了後，その本を求めて生徒が殺到するようであれば大成功です。読みたくても他の人に借りられて読めなかった，ということでその本の価値が上がります。借りようとしなかった生徒にも宣伝効果があります。

　どんなに準備をしても，生徒がこちらの思っているような反応を示してくれない場合があります。そんなときは慌てずに本を変えてしまいます。そのために予備の本を数冊用意して，箱の中に入れておきます。そのときのクラスの雰囲気にも配慮して，生徒の目を見ながら反応を確かめて紹介する本を決めます。

　声は大きくはっきりと出します。図書館は教室より広く，四方が本に囲まれているため，生徒が集中しにくい環境にあります。座席も教室と違って向き合わせになっているので，どうしても開放的で自由な雰囲気になります。学校司書の声が自然と耳から入ってきて集中できる状況を作り出します。

3　教室で行うブックトーク

　あらかじめ写真で顔が確認できるようであれば，名前を覚えます。とくによく図書館に来る生徒や，クラスで核となるような生徒の名前はしっかりと覚えます。これは利用対象者が決まっている学校図書館ならではのメリットです。

　ブックトークの途中で，話したいというサインを送ってくる生徒を見かけます。目が合い，何か言いたそうだったり，話の途中で集中できなかったり，落ち着きのない生徒には声をかけます。思い切って名前を聞き，話の中に巻き込みます。名前を出すことによって，本と人がより身近に感じられるようになり集中もできます。そんな生徒の「面白そう！」という一言によって，クラスの雰囲気が良くなり，"本が読みたい！"という気持ちになることがあるのです。静まりかえった中で実施するよりも，生徒を引き込み，クラス全体が乗ってきた中で実施する方が，楽しく印象に残るブックトークになります。学校図書館に行ってみよう，もっと本を読もうという気持ちにさせてくれます。

　生徒の顔を見て話し続けると，お互いに緊張して疲れてしまうので，教室にある黒板やチョーク置きなども有効に使います。黒板には話しながらキーワードとなる言葉

や，言葉では伝えきれない単語を書きます。黒板前のチョーク置きには紹介したばかりの本を立て，本の表紙が全員に見えるようにします。書店に並んでいないような本も多く，言葉で書名を伝えただけでは覚えきれない本もあるので，視覚もおおいに活用します。

人前で話すことに慣れてない場合は，生徒が聞いてくれるか，この本で良いのか，こんなテーマで良いのか，という不安は常にあります。しかし，生徒の近くにいて本を知っているのは自分しかいないのだ，という自信を持って臨みましょう。生徒はどんな本をどう紹介したか，ちゃんと聞いていて覚えています。

3 ブックトークの作り方

1 テーマの決め方

クラスには，独特の雰囲気があります。期待と好奇心に満ちた眼差しを向けられることもあれば，この人誰？といった気配を感じるときもあります。授業などで図書館を使用し，何度も来ているクラスの生徒は，学校司書に慣れていて気軽に話しかけてきます。その場合は，生徒がどんなことに興味があるのかもわかるので，テーマも決めやすいでしょう。

今，何が流行っているのか，どんな映画が上演されテレビドラマはだれがどんな内容をやるのか，その原作はどんな本かなどの情報をチェックしておきます。新聞や週刊誌で話題になっていることや流行の歌手，俳優や女優，芸人や人気漫画などの名前くらいは覚えるようにします。それらと話題の本が無関係ではないからです。内容は良く知っていそうな生徒に事前に聞くか，書店やインターネットで見ておきます。関連した事柄はブックトークに盛り込むことができるかを考え，話題の本の話も入れるようにします。

2 本の選び方

ブックトークで紹介するのは，自分がその本を読んで，ぜひ紹介したいと思った本です。準備期間の本選びが何より大切で，どんな準備をしたかはブックトークの善し悪しを決めてしまいます。子ども向けの本から大人向けの本への移行は，簡単ではありません。今の自分が何を読んだらいいのか，わからない生徒は思いのほか多いのです。聞いていないようなフリでしっかり聞き，見ていないようで見ている。そんな生徒の心にヒットする，本探しの方法から述べてみます。

何気ない会話の中から，彼らの求めている本がわかります。どんな生徒がどんなことに興味を持っているか，何が得意で何に悩んでいるかを思い出しながら選書します。とくに，本が嫌いだと言っている生徒に向けた本探しは大切です。彼らの過去には，

本にまつわる苦い思い出があるかもしれません。その謎と誤解が解ければ，本への嫌悪感も弱まるのではないでしょうか。彼らが読みたい本は必ずあります。
　生徒と人間関係が築けるようになると，選ぶ本もはっきりします。家族の問題，進路の悩み，人間関係，部活動の問題，体のコンプレックスなど彼らの悩みは尽きることがありません。大人が考えている以上に，彼らは悩み傷ついています。本によって助けられたことが一度でもあれば，彼らはそれを忘れないでしょう。大人の意見には素直になれなくても，本の言葉は心に沁みるものです。
　紹介すべきではない本は，宗教に関連したもの，特定の政党や占いやカルト的なもの，古代史のように諸説がある本です。とくに国の問題には充分に配慮し，記憶や情報が曖昧な場合は，その本を扱うことを止めます。彼らの心に添える本を数多く探したいものです。
　"怖い本が読みたい" "笑える本が読みたい" と言ってくる生徒がいます。怖い本なら背筋が凍りつき，ページをめくる手が震えるような本をすすめ，笑える本なら一人で読んでいても，ニヤニヤしてしまう本を紹介します。「怖くなったら読んでいる途中でも，返していいよ」「電車で読みながら一人で笑っていると，変な人だと思われるから気をつけて」など一言添えます。そうすることで，心の準備をして読み始められます。
　以前には考えられないほど凝った表紙や，長くて変わったタイトルがついている本が増えました。装丁も本の大切な要素です。中身も当然読みやすくわかりやすい本を選びます。第一印象は本に任せ，表紙負け，タイトル負けしない良書を探します。
　本好きな生徒に個人的に行うブックトークでは，彼らに合った本を教えてあげます。書店でもあまり見かけず，めったに紹介してもらえない本との出会いです。それこそ生徒が本当にすすめてほしい本なのです。

3　シナリオの作り方

　高校生になると，お付き合いで興味のあるフリをすることはありません。テーマによって，この数分間の興味が持続するか，ずっと下を向いたままになるかが，決まってしまいます。何が始まるのかとワクワクさせることが大切です。
　まず普段から本や新聞を読み，ラジオを聞き，テレビやインターネットを見ながら，気になった言葉や使えそうな単語はメモします。覚えておきたいことは順番を考えずにどんどん書き込みます。ブックトークの前にこのメモ帳にざっと目を通すことで，話しに深みが出ます。
　本の第一印象はとても大切です。気軽に話せて興味を引きそうな導入の本を決め，それが他の本とどんなふうに結びつくのかを考え，最後に印象に残る本を決めます。最初と最後を押さえておけば，その後は生徒の反応によって紹介する本を変えても大

丈夫でしょう。

　どんなに良い本であっても，本の細かい内容は忘れてしまいます。紹介する前は必ず本に目を通しておき，ポイントとなるようなシーンや，自分自身が感動した場面を読みなおします。そこを絡めて話せると，生き生きとした心躍る話に広がります。

　朗読は長すぎると逆効果です。生徒は読んだ気になって興味が半減してしまったり，飽きてしまうことがあります。余韻を残すような読み方で大切な部分を少しだけ読むとか，長すぎる場合は「ちょっと飛ばします」といって良いところだけ読む，などの工夫をします。

　どんな本であるかの特徴を，短い言葉で伝えます。たとえば「驚きすぎて本を落っことしそうになった」とか「このシーンを思い出すだけで何度も泣ける」など，どんな生徒でもイメージできて，すぐにでも読みたくなるように伝えることが大切です。

④ ブックトークの楽しみ

　ブックトーク直後は，何の反応もなかった本を，数カ月後に借りに来る生徒がいます。時間が経っても覚えていて，ずっと気になっていたと言って借りに来ます。自分だけに教えてくれたわけではないので，少し遠慮していたのかもしれません。1年も過ぎてから借りに来たときは，さすがに驚きました。書名を忘れてしまったという彼女に，「どんな風に紹介していたか覚えている？」と聞くと，印象に残った言葉や情景をポツポツと話してくれます。紹介した本の中から，それらに当てはまる本を思い出します。まるで連想ゲームです。そんな言葉を聞きながら，1年たっても覚えているほど印象深い言葉はどれだったのだろうと考えます。何気ない言葉の綾を覚えていることもあり，驚愕します。うれしいけれど責任を感じる瞬間です。

　大人になった卒業生が，図書館を訪ねてきます。「先生この本紹介してくれたよね」と言われるのはよくあることです。本を読むことも紹介されることも少なかった生徒は，学校図書館に来たことだけでなく，学校司書との話しやブックトークを聞くことがとても新鮮な出来事として印象に残っているようです。とくに，少し空いた時間に読んであげた絵本は，「この本泣けるよね。これ先生読んでくれたね」と言ってきた生徒が数多くいました。泣くという感情をともなった経験によって，忘れられない記憶として定着したのでしょう。彼らが本と本を読むということを次の世代に受けついでいってくれるのではないかと期待しています。

　本を印象づけるために，関連した事柄やエピソードも話します。生徒は紹介した本だけでなく，そのエピソードまでもセットで覚えているようです。学校司書が楽しい雰囲気で紹介していた面白そうな本，というだけでも印象に残るくらいですから，「私が学生時代，友達とけんかしたときに巡り合った救いの本」とか，「この仕事があ

っているか悩んだときに読んだ本」など，具体的なエピソードはなるべく入れた方が読んだ状況を理解しやすいようです。ときにどうでもいいことだけ覚えていて，「あのときの友達とは仲直りしたの？」などと聞かれることもあります。先生は遠い存在でも学校司書はちょっと身近で話しやすい大人，と思ってくれているようです。そんな質問には誠意をもって答えるようにしています。

写真4-1　国語の時間を使って，朝読書用のブックトークを図書館で実施

テーマ1　人とつきあう

【設定理由】
　新しい環境での一番の不安要素は，友達ができるか，友達と上手くやっていけるか，ということにつきるようです。読書が心の安定剤になり，彼らの人生の道標となることを実感してほしい。
【対象学年】高校1年生
【時間の目安】20分
【実施するとき】ロングホームルーム

紹介する本

❶『夏の庭』
湯本香樹実 著
新潮文庫　1994年

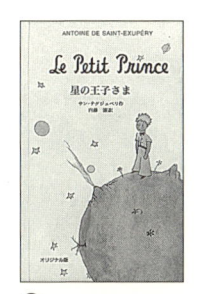

❷『星の王子さま』
サン・テグジュペリ 著
内藤濯 訳
岩波書店　2000年
オリジナル版

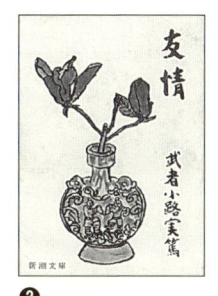

❸『友情』
武者小路実篤 著
新潮文庫　1967年改版

❹『子どもの隣り』
灰谷健次郎 著
新潮文庫　1988年

❺『心にひびく「論語」：本当の生き方が見えてくる86の言葉』
中村信幸 監修
武田双雲 書
永岡書店　2007年

● シナリオ ●

　みなさん，こんにちは。入学おめでとうございます。新しい学校で新しい仲間に囲まれて，緊張した毎日だと思います。（全員を見渡して）出身の中学校からたった一人でこの高校に来ている人もいるでしょう。中学時代に友達づきあいがうまくいかなかった，なんて人もいるでしょう。

みんなきっと不安な気持ちで一杯だと思います。今日は，せっかく図書館に来てくれたので，20分ほどで，"人とつきあう"というテーマでブックトークをします。本を読んで何かが変わるといいですよね。
　ここは高校の図書館なので，専門的な難しい本もありますが，みなさんが知っているようなこんな本もあります。（本を出すと，笑いながらうなずく生徒や「知ってる」と言う生徒あり）
　とても有名な湯本香樹実さんの『夏の庭』です。読んだことのある人いますか。（挙手させる。「どうだった？」と聞いてみる）
　小学校6年生の3人の少年と，一人ぼっちの老人のひと夏の交流の物語ですね。小学生の頃って，今以上にとても狭い世界で生きていますよね。家や近所の友達，学校や塾，部活動が行動範囲のすべてといったところでしょうか。
　大人社会のしくみが少しずつわかってきますが，大人は対等には見てくれないので蚊帳の外です。この小さな世界の中でなんとかうまくやっていくしかありません。そんなところは今も変わりませんか？（全体を見回す　少し間を置いて）
　少年達はこの老人と少しずつ仲良くなります。年が60以上離れているのにどうやって友達になったんでしょう。少年達は，塾が始まる前や後に老人の家をのぞきます。捨てられていない大量のごみを捨てたり，伸び放題だった庭の草を刈り，洗濯物を干すロープを張る手伝いをします。「オレたちさ，いいようにつかわれちゃっている」なんて文句を言っていたのに，あこがれの女の子に見つかって褒められて，手伝ってくれそうになると，「最後までオレたちだけでやる」なんてかっこつけて，引っ込みがつかなくなります。
　普段は大人のいいなりだけど，おじいさんには思ったことが正直にいえます。そのかわり少年たちも，おじいさんからいろんな指摘をされてしまいます。包丁の使い方，ペンキの塗り方，やすりのかけ方，刷毛の使い方を教えてもらいながらこの奇妙な友情が続きます。
　どうして少年達は老人と対等な付き合いができたのでしょう。昔読んだという人も，こんなことを考えながら読んでみると新しい発見があるかもしれません。
　『星の王子さま』という大変有名な本があります。知ってるかな？（全体を見渡す「名前だけ知ってる」「読んだことある」などさまざまな反応）
　この中でキツネが王子さまに言います。「友だちがほしいんなら，おれと仲よくするんだな」「でも，どうしたらいいの？」と，王子さまが聞きます。
　キツネが（ゆっくり読む）「しんぼうが大事だよ。最初は，おれからすこしはなれて，こんなふうに，草の中にすわるんだ。おれは，あんたをちょいちょい横目でみる。あんたは，なんにもいわない。それも，ことばっていうやつが，勘ちがいのもとだからだよ。一日一日とたってゆくうちにゃ，あんたは，だんだんと近いところへきて，すわれるようになるんだ……」
　そうやって友達になった後は，「はじめ，十万ものキツネとおんなじだった。だけど，いまじゃ，もう，ぼくの友だちになってるんだから，この世に一ぴきしかいないキツネなんだよ」（少し間を置いて）となります。

第4章　高等学校でのブックトーク

　今友達になっている人も，はじめは他人でした。だれでもこうやって1人ずつ友達を作っていくんですよね。はじめは少し離れた所から，様子をうかがい，少しずつ仲良くなります。先ほどの老人と小学生の近づき方とそっくりですね。
　友達づくりと恋人づくりは似ています。究極の人付き合いが恋愛ではないかと思います。友情か愛情か，友達を取るか恋人を取るか決めなければならないとき，みなさんならどうしますか？（ニヤニヤしながら答えない）
　武者小路実篤の『友情』（本を見せる）は自分が愛した人が好きなのは自分の親友で，そのことに友達も女性も気がついてしまうため，それぞれが悩み苦しむお話です。仲が良い友達とは，好きな人の好みも似ていることがあります。3人で仲良く友情を築けている時期は楽しいでしょうが，恋愛感情がからむとそういうわけにはいきません。
　この本は，戦後間もない1947年に発行された本で60年以上もたっていますが，文章がとても美しくて読みやすいです。3人ともそれぞれの相手に対して誠意をもって接している様子が感じられて，とても心地よい小説です。最後にお互いが友の成功を祈り，仕事上で対決しようと誓うシーンには心が揺さぶられます。2人の心を奪った杉子という女性はどんな人だったのかがとても気になる本です。
　最後は，灰谷健次郎さんの『子どもの隣り』という短編集に入っている作品の中から，「友」という小説です。
　主人公の美那子は，今反抗期真最中の中学3年生。そう，少し前の君達ですね。この頃って今まで無条件で従っていた親や先生のことを，冷めた目で客観的に見るようになります。その気持ちは君達の方がよくわかるでしょう。（全体を見渡す）
　美那子は，「ほんとうの友情というのはな。友だちの悪いところはきびしく批判する。その上で，力を貸すなら貸す。そういう態度が必要なんだ……」と言っている先生のことを「つまんないことをいう。薄っぺらな先生だなと，わたしは思う。」なんて思っています。
　どんな大人が何を言っているかを聞き，普段の行動の中に矛盾がないかを分析している。この頃は，大人にとって一番厄介な時期です。（うなずく者。ニコニコする者あり）そして自分はどんな大人になるのか，大人とどう付き合っていくのかを考える時期でもあります。そんな美那子を父が殴るシーンがあります。どんな状況なのか読んでみます。
「パパはこれまでお前を殴ったことはない。しかし，今，お前を殴ることにした。罰として殴るんじゃない。お前のいうように頭の先だけで考えているより，何かをしてみるということはいいことだ。だが，そうすれば，血も涙も出るということを，パパはお前に知っておいてもらう。」そう言って右頬を叩きました。何があったのかは読んでみてください。
　私はこのお父さんを大人として素敵だなと思いました。冷静に説明してから殴ったからではありません。人との付き合いの中にはルールがあって，自分の考えと違う場合，無理やり通そうとすると，痛みをともなうことがあること，それを子どもに教えられるのは親しかいないこと，それを知るにはタイミングがあること，それがあの一発に含まれていると思ったからです。これは

101

愛のムチだと思います。このことは殴られた美那子も気づいていて，「今，パパを激しく憎みながら，それでも，やっぱりパパが，くやしいけれど好きです。」と語っています。ちゃんとわかったんですね。このことを彼女は，一生忘れないと思います。

これまでに『夏の庭』と『星の王子さま』で友達づきあい，『友情』で友達と異性との付き合い，「友」で親子の付き合いを見てきました。その中で，特に大切なことって何でしょうか。

この『心にひびく「論語」』(本を見せる)に，人付き合いについてこんな言葉があります。「子曰く，与に言う可くしてこれを言わざれば，人を失う」，意味は「相手とことばを交わすべきときなのに話しかけないでいると，大切な人を失ってしまう」ということです。

もう一つは「人に与りて忠なる」です。"人付き合いは誠意を尽くすこと"という意味です。話すべきときを逃さず話しをし，誠意を持って付き合いましょうということですね。どんな人とのつきあいでも共通していえることだと思います。

本は楽しいだけではなく，生きていくうえでのいろいろなヒントを教えてくれます。本もひとつの出会いです。今回紹介した本は今から借りられます。有名な本ばかりですから持っている人もいるかな。これからも学校図書館は，たくさんの本を用意して君達を待っていますので，ぜひ足を運んでください。これでブックトークを終わります。

★ ワンポイントアドバイス

オリエンテーションでは，図書館の約束事や注意事項をなるべく手短に説明し，本をたくさん紹介したいものです。多くの生徒が知っているようなテレビドラマや映画の原作本などを紹介するのもいいでしょう。時間がなければ表紙を見せるだけでも効果があります。今回のように，緊張した雰囲気を和ませるために，中学時代から生徒が知っている本を取り入れて話を展開してみるのもいいでしょう。

第4章　高等学校でのブックトーク

テーマ2　朝から目が覚めるちょっと怖い本

【設定理由】
　朝は心身ともに動きだしていない様子なので，手に取りやすく，少し怖いけれど読みやすい本を選び，ドキドキ，ワクワクするような読書を楽しんでほしい。

【対象学年】高校1・2年生
【時間の目安】20分
【実施するとき】国語（現代文）

紹介する本

❶『きみにしか聞こえない』
乙一 著
角川スニーカー文庫　2003年

❷『黒冷水』
羽田圭介 著
河出書房新社　2003年

❸『終末のフール』
伊坂幸太郎 著
集英社　2006年

❹『イニシエーション・ラブ』
乾くるみ 著
文春文庫　2007年

❺『チョコレート・アンダーグラウンド』
アレックス・シアラー 著
金原瑞人 訳
求龍堂　2004年

● シナリオ ●

　もうすぐ全校一斉の，朝読書がはじまります。今日は，その朝読書用に「朝から目が覚めるちょっと怖い本」を，20分ほどで，5冊紹介します。朝読書は10分しかないので，長い本を細切れで読んでいると，細かい所を忘れちゃうと言っている生徒が沢山いました。だから，短い本や長くても絶対忘れない印象的なちょっと怖い本を紹介します。
　怖い本といっても人殺しとか怪奇現象の本ではありません。たとえば，この乙一さんの短編

『きみにしか聞こえない』（本を見せる）の中のわたしは，（少し間を置いて　少し声を落として）聞こえるはずがない着信音が聞こえます。

　彼女はクラスで一人だけ携帯電話を持っていません。親しい友達もいません。そんな彼女に電話がかかってきます。かけてきた人は誰でしょうか。彼女の心の声なのか，それとも実在する人なのか。読みながら未来と過去，空想と現実が交互に現れてきます。そんな不思議な怖さの中に，孤独の悲しみと，誰かと繋がりたいという心の叫びを感じる一冊です。

　この本の中で，電話相手の彼に，私は"友達の話を真に受けてしまい会話がかみ合わなくなりやすい"ということを相談します。みんなの中にもそんな人はいませんか？（一呼吸置いて　全体を見渡す）冗談と本気の区別って難しいよね。とくに友達になったばかりの人って，お互いに探り合っているところがあるから。この本の彼はこう言います。ちょっと読んでみるね。

　「きみはいつも真剣に人の言葉と向き合っているのだと思う。人の言葉に対して，ひとつずつ意味のある答えを返そうとする。だから，多すぎる嘘に傷ついていく。」（全体を見渡して）

　いい言葉だよね。彼と彼女はこの後どうなるんでしょう。このお話は，女優の成海璃子さんが主演で映画化もされました。（パンフレットがあれば見せる）この"乙一"という作家は高校生にとても人気があります。（知っているぞという表情の生徒が数名うなずく）その人気の秘密は，怖いだけではなく，言葉の選び方や表現のやさしさにあるのではないでしょうか。図書館の文庫棚にはこんなにたくさん（本棚に移動して本を見せる）乙一さんの本があります。これを読んで気にいったら他の本にもチャレンジしてみてください。

　次に紹介するのは，君達とほとんど同じ年齢の17歳で文藝大賞を取った，羽田圭介さんの本『黒冷水』（本を見せる）です。兄弟間のストーカー行為のお話です。

　兄弟げんかをしたことがない人は，いないはずです。△△くん，勝手にお兄さんの部屋に入って物色したことない？（「エー　ない！　ない！」とかニコニコしている　少し間を置いて）そんなことされたらけんかになるよね。この兄弟のバトルは，家庭という狭い世界の中での出来事だから怖いですね。

　ここに出てくる中学生の弟は，留守中にお兄さんの部屋を物色し，兄の秘密を見つけることを喜びとしています。でもその行為はすべてお兄さんにばれていて，今度は弟が復讐されてしまいます。兄弟げんかといえないような壮絶で陰湿なバトルの繰り返しで，ここまでやる？という気持ちになります。家庭という密室では，こんなこともあるかもしれないですね。やめようと思いながらなかなかページを閉じられず，引き込まれてしまう本です。兄弟が，信じられなくなるかもしれません。

　今度の怖さは世界規模です。地球滅亡まであと8年と予告されたらあなたならどうしますか？たぶん冷静ではいられないでしょう。小惑星が地球に衝突して人類が滅亡するという情報が発表されてから，5年後の世界を描いた『終末のフール』はそんな本です。高校生から大学生ぐらいに大人気な作家，伊坂幸太郎さんの本なので読んだことある人もいるかな。（全体を見渡す）

　あと3年で人類が滅亡するとわかっている人々の日常生活とはどんなものでしょう。5年前に

発表があったとき，現状を受け入れられない多くの人は，パニックになりました。そんな世の中がようやく落ち着きを取り戻した頃のお話です。言い争い，殴り合い，奪い合い，死の恐怖に耐えられなくなったものが次々と自ら命を絶ち，働かず教育も受けなくなる者が多発して，みんな我を失い自分だけは助かろうとします。あと3年しかない時間の中で，生き残っている人は何を思い生きているのでしょうか。

　自分ならどうするでしょう。ここに出てくるどんなタイプの人になるか考えてみましょう。私たちは命が永遠ではないことは知っています。でもそれがいつまで続くかは考えていないですね。50年後，60年後かもしれないけれど，もしかしたらあと数年で死んでしまうかもしれない。そんなことを考える材料としてこの本はとても刺激的です。本の中に出てくるキックボクシングの選手の言葉を紹介しておきます。

　「苗場君ってさ，明日死ぬって言われたらどうする？」俳優は脈絡もなく，そんな質問をしていた。

　「変わりませんよ」苗場さんの答えはそっけなかった。

　「変わらないって，どうすんの？」

　「ぼくにできるのは，ローキックと左フックしかないですから」

　「それって，練習の話でしょ？というかさ，明日死ぬのに，そんなことするわけ」可笑しいなあ，と俳優は笑ったようだ。

　「明日死ぬとしたら，生き方が変わるんですか？」

（少し間を置いて）

「明日死ぬとしたら生き方が変わるんですか？」自分に問いかけてみたいですね。変わらないと自信を持って言える人は，きっと今の生き方に満足しているのでしょう。その答えは，自分が知っているはずです。

　次に紹介するのが，乾くるみさんの『イニシエーション・ラブ』（本を見せる）です。一つ一つの章は短めで，内容も恋愛小説という感じなので，どこが怖いんだろうと不思議な気がするかもしれません。でも（少し間を置いて　声を落として）これはミステリーです。最後に，この本の仕組みがわかってゾッとします。後ろ（本の裏表紙を見せながら）には，「必ず2回読みたくなる」と書いてあります。私も2回読んでしまいました。1回目は仕掛けに気づきませんでした。2回目になってここに出てくる女性のしたたかさと，仕掛けの巧みさに身震いします。男性が読んだら女性不信になってしまいそうです。たまに，本を「あとがき」から読む人がいますが，この本ではそれをしない方がいいでしょう。細かいところにまでさまざまな小道具が隠されていますので，ゆっくりじっくり読んでください。恋愛系ですが，少し怖くて最後にビックリする本です。

　最後はこんなに分厚いのに（本を見せる）一気に読んでしまう，アレックス・シアラーの『チョコレート・アンダーグラウンド』です。みんなチョコレートは好きですか？（「好き！」の声うんうんとうなずく様子）私も大好きです。この本は，このチョコレートが主役です。

ある国の選挙で勝利をおさめた"健全健康党"は，国民の健康のためにチョコレートをはじめとする甘いお菓子を禁止する行政命令を発令します。国民は売るのも買うのも作るのも，もちろん食べるのも禁止で，違反した者は罰金か懲役刑になります。（苦笑いあり）ナンセンスだと思いますか？　笑っちゃう？（周りの生徒に聞いてみる）でも待って！　国によってはお酒やたばこが禁止されていたり，宗教の関係で豚肉が食べられない地域もあります。そんなにナンセンスな話とも言い切れないのではないでしょうか。国民の半数がこの党に"投票していなかった"ことに気がついた主人公のハントリーは，お母さんにこう聞きます。ちょっと読んでみます。
「どうして，大半の人に支持されていないのに，選挙に勝って国を動かすことができるの？」
　母さんはちょっと考え，間をおいてからこう告げた。「アパシーね，ハントリー」
ちょっと飛ばします。
　「無気力とか怠慢という意味よ」と母さんは教えてくれた。「つまり，多くの人が，投票所に行って投票する手間をかけなかったの。だれもが「ほかのみんなも，あの党に反対にちがいないから，自分がわざわざ行くことないさ」って思ったのね。ただ，ほかのみんなも同じことを考えてた。わかる？」
　政治に無関心でどの政党が権力を握っても自分には関係ないさ，と思っている人はいませんか？　その結果，とんでもない政策で国を動かし始めたらどうなるでしょう。怖いですね。（少し間を置いて）ハントリーとハントリーの友人のスマッジャー，それからお菓子屋のバビおばさんは地下でチョコレートを"密造"し"密売"します。大丈夫でしょうか。だんだんチョコレートが特別なものに思えてきます。物語の後半は，密告に盗聴，手に汗握る革命シーンが続きます。その後，彼らが自由と正義と幸福のために，どんなふうに戦ったのかは読んでからのお楽しみとします。読みながら，チョコレートがとっても食べたくなる本です。
　ここで紹介した本は，これから借りることができます。1冊しかないので早い者勝ちになってしまいます。ここの図書館には，この他にも怖い本，面白い本がたくさんあります。自分に合った本を探してみてください。そのお手伝いもしますから，見つからないときは，なるべく具体的にイメージした本を教えてください。いっしょに探しましょう。ではこれで朝読書用の「朝から目が覚めるちょっと怖い本」のブックトークを終わります。

★ ワンポイントアドバイス

「ブックトークをしてください」と，急に先生から依頼されることがあります。そんなときは，生徒がすぐに読みたくなるような本を中心に選びます。作家が気に入った場合は，同じ作家の別の本を次々と読み始める可能性があるので，作家にもこだわります。余韻を残すような含みのある言い方や，同じ作家の別の本を見せるだけでも効果があります。生徒の感性にヒットする本を探りながらのブックトークを続けてみましょう。

第4章　高等学校でのブックトーク

テーマ3　言葉とは何だろう

【設定理由】
　日本語について改めて考えたい。言葉の力に気がつく本を紹介しながら母国語で本を読む意味を考えてほしい。
【対象学年】高校2・3年生
【時間の目安】20分
【実施するとき】国語

紹介する本

❶『日本人の知らない日本語』
蛇蔵・海野凪子 著
メディアファクトリー　2009年

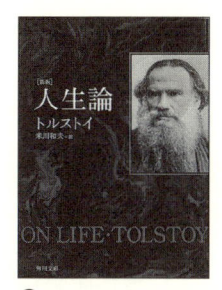

❷『人生論』
トルストイ 著
米川和夫 訳
角川文庫　2004年改版

❸『最後の授業』
アルフォンス・ドーデ 作
南本史 訳
ポプラポケット文庫　2007年

❹『祖国とは国語』
藤原正彦 著
新潮文庫　2006年

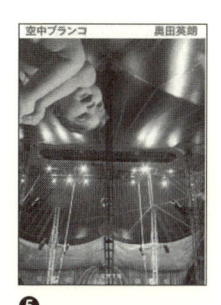

❺『空中ブランコ』
奥田英朗 著
文春文庫　2008年

● シナリオ ●

　今日は"言葉"について，考えてみようと思います。そのための，考えるきっかけとなるような本を紹介していきます。少し難しい本も含まれていますが，20分ぐらいですから，我慢して聞いてください。
　ここに『日本人の知らない日本語』というコミックエッセイがあります。日本で学ぶ外国人と日本語学校の先生とのやりとりが，面白おかしく載っています。学んでいる留学生は至って真面

目ですが，改めて聞かれるとちょっとわからないとか，答えられない内容ばかりです。敬語やある特定の業種の人しか使わない言葉などを，日本の映画や漫画などから学んで使ってみる，留学生の姿はほほえましいです。

たとえば品のいい任侠映画好きの，フランス人マダムに「姐さんと呼んでください」とお願いされたら，みなさんならどうしますか？　私達が韓国のドラマを見て韓国の言葉に興味を持つように，留学生がどんなきっかけで日本語を学ぼうとしたのかによって，それぞれの興味関心も違います。日本人である私達も知らなかったポイントにこだわったり，逆にとても詳しかったりと，知らなかった日本語と日本文化の奥深さをあらためて知ることができる本です。

この本の中に出てきた内容で一つ問題です。"鳩と蚊と鴉と猫"の共通点は何だと思いますか？（周りを見渡す　少し間を置いて　黒板に四つの漢字を書く）ヒントはここです。（鳩の九，蚊の文，鴉の牙，猫の苗に○）鳴き声が漢字の中に入っているんですね。鳩はクー，蚊はブン，鴉はガー，猫の苗はなえではなくて中国語でミョウというそうです。なるほど！と思いませんか？（うなずく姿あり）鳴き声も食事も文化そのものですが，それを知るきっかけはやはり言葉を知ることからでしょう。

言葉を知ることの意味をもっと考えてみるためにこんな本を用意しました。今度はちょっと難しめの本です。『戦争と平和』や『アンナ・カレーニナ』を書いたトルストイという人を知っていますか。この人の本を読んだことのある人。（全体を見る　挙手させ，いた場合は，「すごいね。何読んだの」と聞く）

このロシアの文豪の書いた『人生論』（本を見せる）という本の中に「人間の精神的な結びつきのためのただ一つの手段は言葉である。」とあります。ここには，人生とは何か，理性とは，愛とは，死とは何かという彼の考えが書かれています。こういう本は，愛について考え始めたら愛の部分を読み，生きること死ぬことについて考え始めたら生について，死について書かれている部分を読む，とすると無理がないですね。トルストイの本だと思うと気合を入れないと読めないと思いがちですが，ちょっと我慢して読んでみませんか。何が言いたいのか想像してみましょう。

この『人生論』の中にも引用されている，『新約聖書』のヨハネによる福音書の出だしを知っていますか？（少し間を置いて）

「はじめに言葉ありき」です。この"言葉"とは一体何でしょう。（全体を見渡す）"言葉"にあたる部分はギリシャ語でlogos（ロゴス）となります。ロゴスは理性，理論，思想，真理そして言葉と訳されています。英語で"言葉"を指すwordの意味よりもっと深い意味がありそうですね。

言葉こそ民族そのものである，という考え方について考える材料として，『最後の授業』という本を紹介します。有名なお話で，小学校や中学校で読んだことのある人や，知っている人もいるでしょう。フランス北東部の小さな都市，アルザス地方を舞台にした，とても短いお話です。

この小説の時代背景は，1870年に起こった普仏戦争です。当時プロシアとフランスは戦争中でした。ちなみに当時ドイツはまだ今のように統一されてはいません。いくつかの王国から成り立

っていた中で，一番力をもっていたのがプロシアです。世界史で習っていて知っているとは思いますが，この国と戦ってフランスは負けてしまいます。そのためこのアルザス地方では，ドイツ語以外の言葉を教えてはいけないという命令が下ります。先生は晴れ着を着ているし，教室の後ろには村人たちが静かに座っています。おごそかな雰囲気の中で行われる授業で，なんと主人公の僕は名前が呼ばれます。動詞の規則を答えなければならなかったのだけど，いつも遅刻したりさぼってばかりいた僕は全然できません。先生の声が聞こえてきます。少し読みます。

　「いまあのプロシア人たちにこういわれたって，しかたがない「なんだって！　おまえたち，フランス人だといいはっていたのに，じぶんの国のことばの読み書きも，ろくにできないじゃないか！」」

このあとは少し飛ばします。

　「そこで，アメル先生は，それからそれへと，フランス語についての話をはじめた。フランス語は世界中でいちばん美しい，いちばんはっきりした，いちばんしっかりしたことばであること。だから，ぼくたちで，きちんとまもりつづけ，けっしてわすれてはならないこと。なぜなら民族がどれいになったとき，国語さえしっかりまもっていれば，じぶんたちの牢獄のかぎをにぎっているようなものだから……」

と続きます。国が滅びて土地が奪われ民族がばらばらになり，文化や伝統が踏みにじられたときでも残るのは，言葉です。言葉は国の文化そのものであり，考え方や思想そのものでもあります。

　日本にも，"言霊"という言葉があります。日本人は言葉に魂が宿ると信じていました。日本語の中で，心の動きを表現する語彙は多数あります。どの言葉をどの場面で使うかによって，相手の心を探ることができます。日本人は自分が発する言葉を，とても大切にしていたんですね。

　ここに『祖国とは国語』というそのものずばりのタイトルの本があります。『国家の品格』というベストセラーを書いた，藤原正彦先生の本です。数学者でありながら日本語つまり国語の重要性を切々と語っています。人は言葉によって考え，それを表現します。ためしに言葉を使わずに考えたり，相手に伝えてみるという状況をシュミレーションしてみましょう。どう考えますか？　イメージで考えられますか？　そもそもそんなことは可能でしょうか。(「できたかな？」「無理だった？」と問いかけてみる) 藤原先生は日本語の言葉がいかに大切であるか，こんな例を出して説明しています。

　「例えば好きな人を思うとき，「好感を抱く」「ときめく」「見初める」「ほのかに想う」「陰ながら慕う」「想いを寄せる」」

少し飛ばします。

　「などさまざまな語彙で思考や情緒をいったん整理し，そこから再び思考や情緒を進めている。これらのうちの「好き」という語彙しか持ち合わせがないとしたら，情緒自身がよほどひだのない直線的なものになるだろう。人間はその語彙を大きく超えて考えたり感じたりすることはない，といっても過言ではない。母国語の語彙は思考であり情緒なのである。」

　母国語を読み，書き，話し，聞くなどの鍛錬を積み，言葉を操ることが，日本と日本の伝統文

化を愛し継承することに繋がる，と思えるエッセイです。

　堅苦しい本ばかり続いたので，最後に笑いながら考えさせられる奥田英朗の『空中ブランコ』という本の紹介です。ドラマ化したこともあるので知っているかな。（全体を見渡す）

　この本の主人公伊良部は，神経科の医師です。彼のもとに訪れる患者は，跳ぶことができなくなったサーカスの空中ブランコ乗りや，先の尖ったものを見ると吐き気がするやくざ，義理の父のカツラをはずしたい衝動を抑えきれない医師など，みんな人には相談できない悩みをかかえています。自分でも病気かなと思う症状，たとえば脂汗が大量に出るとか吐き気などが出ています。身近な人間にちょっと話をすればいいのにそれができません。

　真面目に治療する気がなさそうな医師の伊良部は，子どもっぽくて人の話をちゃんと聞きません。彼と話していると，患者は自分が悩んでいることがばかばかしくなってきます。そして結局どうすれば良いかに自分で気がつきます。空中ブランコ乗りが最後に「心がいっきに軽くなった。言葉の力を思い知った。どうしてもっと早く，対話をしなかったのだろう。小学生にまで遡って，友だちを作り直したい気分だ。」と言っています。ふざけているように見える患者との会話の中に，治療のヒントがあるのだとしたら，彼は神経科の名医なのかもしれません。この本は笑える小説として有名ですが，医師伊良部の言っていることを考えながら読むと，実は深い内容が含まれていることに気がつきます。

　国語は日本語を学ぶ教科です。今日は言葉を学ぶヒントになる本を紹介しました。紹介した５冊の本のどの部分に惹かれましたか？　読書によって多くの言葉を獲得してください。

★ ワンポイントアドバイス

　トルストイや藤原正彦など，難解なのではないかという先入観をもちやすい本こそ，この機会に紹介しましょう。漠然としたテーマでも，ブックトークを実践する側に伝えたい内容の柱となる事柄があれば，本のジャンルは詩集や絵本まで広げることができます。生徒の近くで，多くの生徒に接しているからこそ気がつく，というメリットを生かしたブックトークをしてみましょう。

第4章　高等学校でのブックトーク

テーマ4　座右の書を見つけよう

【設定理由】
　この本があれば心の支えになる，励まされるという本を見つけることで，自立した大人に近づいてほしい。

【対象学年】高校3年生
【時間の目安】20分
【実施するとき】ロングホームルーム

紹介する本

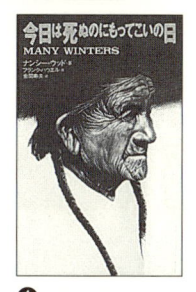

❶『今日は死ぬのにもってこいの日』
ナンシー・ウッド 著
フランク・ハウエル 画
金関寿夫 訳
めるくまーる　1995年

❷『アルケミスト』
パウロ・コエーリョ 著
平尾香 画
山川紘矢・山川亜希子 訳
角川書店　2001年　愛蔵版

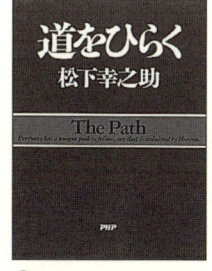

❸『Good Luck　グッドラック』
アレックス・ロビラ／フェルナンド・トリアス・デ・ベス 著
田内志文 訳
ポプラ社　2004年

❹『道をひらく』
松下幸之助 著
PHP研究所　1968年

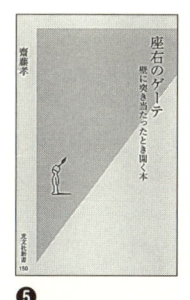

❺『座右のゲーテ：壁に突き当たったとき開く本』
齋藤孝 著
光文社新書　2004年

●シナリオ●

　座右の銘という言葉がありますね。折にふれて思い出して，自分の励ましや戒めにする言葉のことです。今回は，数カ月後に学校を卒業する君達の心の支えとなり，励ましてくれる本が見つかることを願って「座右の書を見つけよう」というテーマで20分のブックトークをします。哲学的な本が多くなりますが，きっと君達の力になってくれる本ばかりだと思います。

まずは『今日は死ぬのにもってこいの日』（本を見せる）というタイトルの詩集です。ネイティヴ・アメリカンの哲学，つまりインディアンの教え，もっと具体的にいえば死生観を綴った詩です。この本の原著は，「1974年にアメリカで出版されて以来，世界中のあらゆる世代の人々に読みつがれてきている」そうで，お葬式や追悼式，結婚式や成人式などでも朗読され，教科書に載せている国もあるようです。

　原著の表題は「MANY WINTERS（メニー ウィンターズ）」"たくさんの冬"です。冬とは普通"死"を意味することはみんなも簡単に想像がつくでしょう。でもここでの冬は"再生"や"甦り"を意味するようです。一度死ぬことで，生きることを取り戻す。そんな思想です。ですからこの本のタイトルになった，「今日は死ぬのにもってこいの日」という一瞬ドキッとするタイトルの詩も，とても感動的な内容になっています。今日は，この中から，若者に向けたのではないかと思える詩を朗読します。

（一呼吸置いて）

　「たとえそれが，一握りの土くれであっても
　良いものは，しっかりつかんで離してはいけない。
　たとえそれが，野原の一本の木であっても
　信じるものは，しっかりつかんで離してはいけない。
　たとえそれが，地平の果てにあっても
　君がなすべきことは，しっかりつかんで離してはいけない。
　たとえ手放す方がやさしいときでも
　人生は，しっかりつかんで離してはいけない。
　たとえわたしが，君から去っていったあとでも
　わたしの手をしっかりつかんで離してはいけない。」

（少し間を置いて）

　君達が信じるものは何でしょうか。なすべきことは何でしょうか。それを手にする方法は何だと思いますか？

　この『アルケミスト』（本を見せる）という本は，羊使いの少年サンチャゴが夢に従って宝物探しの旅にでる，というお話です。ブラジル出身の作家の作品で，ブラジルでは，あの『星の王子さま』に並ぶほど高く評価されています。フランスやイタリアなどでもベストセラーの1位に輝いていて，10年に一度出るか出ないかの名著として，世界中の人々に愛されています。そんな肩書を持つ本ですが，ワクワクドキドキの冒険童話風でとても読みやすいです。

　主人公のサンチャゴは，冒険中に持っていたお金を泥棒にすべて持っていかれてしまいます。彼は騙されて初めて「本当に起こっていることではなく，自分が見たいように世の中をみていたのだ」と気づきます。この人は，怪しいという直感がはたらきながら，泥棒ではないんだと思いたかったということです。君達も"この人にかかわるのは良くないかもしれない"と気づいても，信じたいからつきあいを続けてしまう。そんな経験はありませんか？（少し間を置いて　反応の

第4章　高等学校でのブックトーク

あった生徒に聞いてみる）

　何もかも失くした彼は丘の上にある，クリスタル職人のもとで働きます。サンチャゴがクリスタルの陳列棚を磨き，陳列ケースを作ったおかげで商売は繁盛しはじめます。彼はもっといいことを思いつきます。この店が坂のうえにあることに目をつけ，クリスタルにお茶を入れて売ったらいいんじゃないかと提案したのです。年老いた職人はこう言います。

　「もしクリスタルに入れてお茶を売れば，店は大きくなるだろう。そうすると，わしは自分の生活を変えなくてはならなくなる。」「でも，それは良いことではありませんか？」とサンチャゴは聞きます。「わしは何も変えたくない。どうやって変化に対応したらいいかわからないからだ。わしは今のやり方に慣れているのだ。」

職人は続けます。前半はとばします。

　「わしは人生にこれ以上，何も望んでいない。しかし，おまえはわしに，今まで知らなかった富と世界を見せてくれた。今，それが見えるようになり，しかも，自分の限りない可能性に気がついてしまった。そしておまえが来る前よりも，わしはだんだんと不幸になってゆくようなきがする。」

（少し間を置いて　ゆっくり読む）

　「なぜなら，自分はもっとできるとわかっているのに，わしにはそれをやる気がないからだ」

　同じことの繰り返しでまったく代わり映えのしない日々を送っていると，変化を怖がるようになります。年をとればなおさらです。若者がいいことを言っても自分のやりかたを変えない大人って回りにいませんか？（「いるいる」ボソボソ話す声）クリスタル職人は結局どうしたでしょうか。それは読んで確認してください。

　サンチャゴはこの後，お金を手に入れ旅立つことができました。この本がさまざまな世代の人々に読み継がれているのは，文章のいたるところに隠れている勇気の出る言葉に出会えることと，"夢"を持つことや追い続ける意味を考えさせてくれるからではないか，と思います。彼は「前兆に従い」「心の声に耳を傾け」ながら，「明日死ぬことになったとしても後悔しない」と考えられるようになります。多くのものを見て経験してきたことで自分の生き方に誇りをもち，自信を得たのでしょう。その体験はどんな"物"よりも価値があると考えさせてくれる一冊です。

　夢を実現させるには何が必要でしょうか。よく運命とか運という言葉を使って，さまざまなことをあきらめる人がいますね。そんな人に読んでほしいのが，『グッドラック』（本を見せる）です。魔法のクローバーを探す2人の姿が対照的に描かれています。1人はここには魔法のクローバーは生えないと言われてあきらめます。もう1人はどうして生えないのかを納得がいくまで聞き，土を変え，水を引き，光を当て，小石を取り除く。そんな比喩から幸運を得る方法を一つずつ教えてくれます。「運は，呼びこむことも，引き留めることもできない。幸運は，自らの手で作り出せば，永遠に尽きることはない。」とあります。

　今はまだピンとこないかもしれませんが，何かを始めようとしたとき，自分を奮い立たせてくれるような言葉の詰まった本です。

そのためには日ごろから何をしたらいいか，となるとこの本です。（本を見せる）
この松下幸之助の『道をひらく』の中に，いろいろな言葉が入っていますが，学びについて書かれた部分を読んでみます。

「よき考え，よき知恵を生み出す人は，同時にまた必ずよき学びの人であるといえよう。学ぶ心さえあれば，万物すべてこれわが師である。」

とあります。"学ぶ心"があればすべては学びととらえることができます。このブックトークもそうです。そこからどんな影響を受けて，何を得るかは人によって違います。
この『座右のゲーテ』という新書は，ゲーテの魅力をよく知る齋藤孝先生という大学の先生が書いた本です。ゲーテの言葉の中から，有名で覚えておくといい部分だけを取り出し，解説をしてくれています。『ゲーテとの対話』（エッカーマン著）を読み進めるのは難しいけれど，これなら読めますね。その中で，

「独創性ということがよくいわれるが，それは何を意味しているのだろう！　われわれが，生まれ落ちるとまもなく，世界はわれわれに影響をあたえはじめ，死ぬまでそれがつづくのだ。」

とあります。
どんな名作も先人たちの影響なしに作ったものなどありません。あのシェクスピアの『ハムレット』や紫式部の『源氏物語』ですら，伝承や中国のお話を取り入れたものといわれています。その他にも自分の芯として根づき，ゆるぎない力となってくれるまさに"座右の銘"候補の言葉がたくさん載っています。最後にこの本の中に，読書についての記載があります。「書物は新しい知人のようなものである」と。さあ！　みなさんは，どんな知人がほしいでしょうか。
心揺さぶられる言葉に出会うと，生き方まで変わります。みなさんの「座右の書」になる本の候補は見つかりましたか？　心の支えになる本を集めたブックトークでした。

★ ワンポイントアドバイス

高校3年生になると，精神的にとても落ち着いてきます。しかし，学生として優遇され，守られているのもあと数カ月であることにあせりが見えます。大人も交えてじっくり語り合うことを望むようになった頃，このブックトークは効果的です。心の支えとなる一冊の本を見つけてほしいとの思いを込めて，語りかけるように話すといいでしょう。

第4章　高等学校でのブックトーク

テーマ5　君たちはどう生きるか

【設定理由】
　思春期に悩みながらも解決しづらいテーマです。本を介して話しをすることで抵抗感を減らし，どう生きるかについて一緒に考えてみたい。
【対象学年】高校3年生
【時間の目安】20〜25分
【実施するとき】ロングホームルーム（道徳）

紹介する本

❶『君たちはどう生きるか』
吉野源三郎 著
岩波文庫　1982年

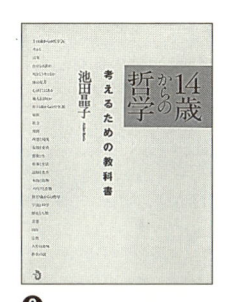

❷『14歳からの哲学：
考えるための教科書』
池田晶子 著
トランスビュー　2003年

❸『超訳　ニーチェの言葉』
フリードリヒ・ニーチェ 著
白取春彦 編訳
ディスカヴァー　2010年

❹『フリーター，家を買う。』
有川浩 著
幻冬舎　2009年

❺『幸せに生きる60のヒント』
トビー・レイノルズ 編
パイ インターナショナル　2011年

● シナリオ ●

　君達の人生は始まったばかりですね。これから先どんな仕事に就いて，結婚や子育ても含めてどう生きるか，ということに関心があると思います。今回は，そのためのヒントになる本を，20分から25分で紹介します。
　ここに吉野源三郎の『君たちはどう生きるか』（本を見せる）という本があります。この本が出版されたのは1937年で，ちょうど日中戦争のころです。今から70年以上も前になります。そん

な昔から若者に読み継がれてきた名著です。聞いたことや読んだことはありますか？（全体を見渡す）この中には，生き方を考えるいろいろな言葉が隠されています。私がこの本を読んだとき，すでに20代になっていました。もう少し早く出会っていれば，あんな悩みやこんな苦労はしなかったかもしれないと思う本です。

　この本の主人公はコペル君といいます。伯父さんが，コペルニクスからとってつけた呼び方です。コペルニクスって，（少し間を置いて　全体を見渡す）そうあの地動説を唱えた人ですね。どんな意味でつけられたんでしょうか。ちょっと考えてみましょう。

　みなさんがもっと小さい子どもの頃は，すべての中心は自分だと考えていたのではないでしょうか。でも大きくなるにつれて，残念ながらそうではないということがわかってきます。中学生のコペル君は，自分が広い世界の中のたった一つの分子なんだ，と感じる出来事に出会いました。この体験は，地球が太陽のまわりを回っている，ということに気づいたコペルニクスにでもなったかのような劇的な発見でした。

　中学生や高校生というのはちょうどこんな風に，自分が世の中の中心にいるわけではないぞ，ということに気づいてしまうときです。今までのようにすべてを自分中心に考えるわけにはいかなくなります。だから悩み，苦しむのかもしれません。彼は，ありふれたように見える日常が，実は複雑な社会関係と，その法則の上に成り立っていることを，伯父さんに教えてもらいます。伯父さんは，本についてもこんな風に教えてくれます。

　「君もこれから，だんだんにそういう書物を読み，立派な人々の思想を学んでゆかなくてはいけないんだが，しかし，それにしても最後の鍵は，――コペル君，やっぱり君なのだ。」

少し飛ばします。

　「まず肝心なことは，いつでも自分が感じたことや，真実心を動かされたことから出発して，その意味を考えてゆくことだとだと思う。」

何が言いたいかわかりますか？（全体を見渡す）

　もっとわかりやすい本がここにあります。池田晶子さんの『14歳からの哲学』（本を見せる）です。これにも，同じようなことが書いてあります。少し読んでみます。

　「「読む」ということはそれ自体が，「考える」ことなんだ。字を読むことならだれだってできるさ。でも，それこそ何もわからないだろ。字を読むのではなくて「本を読む」ということは，わからないことを共に考えてゆくことなんだ。なるほど，この本には，答えは書いてなくても，問いの考え方は書いてあるかもしれない。でも，考え方を読んだところで，それを使って実際に考えるのは，やはり君でしかない。」

（全体を見渡して）難しいかな。2冊とも，知りたいと考えているさまざまな事柄に関する考えるためのヒントをくれる本です。そして2冊とも"最後にどう考え，行動するかは自分で結論を出し，実行するしかない"と言っています。そしてそのためには本がいいよ，と教えてくれています。

　池田晶子さんは，哲学的な内容をわかりやすく，語りかけるように書いた本を，このように数

多く（本棚に行き，他の本も見せる）出しています。この本の後半は，17歳からの哲学ということで，"善悪"とか"自由""人生の意味""存在の謎""宗教"などについてもふれています。まさに今の君達にピッタリのテーマですね。気になった項目だけでも眺めてみましょう。

　哲学書のコーナーに，話題になった本があります。『超訳　ニーチェの言葉』（本を見せる）です。ニーチェの本はたくさん出ていますが，この本の良いところは，1ページ読み切りで，すべてをとても短い言葉で，簡潔に伝えているところです。開けたところを，気の向くまま読めばいいような気楽さがあります。この中に，読むべき本について書かれている部分があります。

　それは，「読む前と読んだあとでは世界がまったくちがって見えるような本」（本をパラパラめくり，少し間を置いて）この本がまさにそうです。読む前の心細さがウソのように，元気が出てくる本です。気に入った言葉はどこかにメモしておきましょう。ニーチェが側で語りかけてくれるように感じる，そんな本です。

　今の若者の姿をリアルに描いて話題になり，テレビドラマ化したのが，この有川浩さんの『フリーター，家を買う。』（本を見せる）です。話題の本だから知っているかな（周りを見渡す　読んだことのある生徒や知ってる生徒に感想を聞く　テレビと原作が違うこと，テレビを見て泣いてしまったことなどで盛り上がる）この小説は，設定と内容が現実的で10代から20代の若者に知ってほしい事柄が，たくさん含まれています。今までの人生をなんとなく生きていた主人公武誠治が，お母さんが鬱病になったことで，きちんと就職することと，家を買うことを目指す物語です。

　この誠治は，そこそこの私立大学を出て，そこそこの会社に入社します。せっかく入社した会社もたった3カ月で辞め，小遣い稼ぎのアルバイトも，店長に少し注意されただけで，（くだけた口調で）「いや，俺的にもう無理なんでー。すんませんでしたー」といって辞めてしまいます。どこまで，甘ったれてるんだろうね。（全体を見渡す）

　まわりにそんな人いない？　○○くんは大丈夫かな？（笑っている生徒に聞いてみる）そんな彼が就職活動をしても，そりゃうまくいきません。当然ですね。大人がかけてくれる言葉の意味とか，就職するにはどうすればいいか，人間にとって一番大切なのは何かなど，客観的に主人公誠治の行動を見つめるとわかることがあります。親や先生に同じことをいわれても，なかなか素直になれないでしょうが，自分はこれからどうしたらいいのかを考え，シュミレーションできる，そんな小説です。

　最後は，『幸せに生きる60のヒント』（本を見せる）という本です。短いけど心を打つ言葉と，癒される動物の写真が載っています。（中身をパラパラ見せる）ここの中の，気に入る言葉は人それぞれ違うでしょう。私が気に入った言葉を2つほど紹介します。

　（ゆっくり読む）「ほんとうの豊かさ　それは豊かな心です」「人類を救う唯一の武器は想像力です」。どう生きたいか，考えてみましょう。豊かに生きるにはどうすればいいか，想像してみましょう。そんなことを考えるきっかけをくれる本です。

　本には賢人の言葉が詰まっています。吉野源三郎も池田晶子もニーチェも今，この世にはいま

せん。本は時代を越え，性別を越え，国籍を越えて語りかけてくれます。自分に合う本を根気強く探してみましょう。今日は，"君たちはどう生きるか"という難しいテーマで本を紹介しました。紹介した本は，借りることができます。気になった本は，手に取って見てください。これでブックをトーク終わります。

★ ワンポイントアドバイス

　話の展開が難しいテーマですが，生徒達は，とても熱心に聞いています。とくに男子生徒は，哲学的な内容に興味を持ちながら，大人との会話を避けたがる傾向にあるので効果的です。今まで1冊の本も読まなかった生徒が，ゲーテに興味を持ったり，哲学コーナーで本を探す姿も見られます。「気に入ったから，自分で購入した」と言ってくる生徒もいます。在学中にそんな本に出会えた生徒はとても落ち着き，精神的に大人になっていきます。本が人を変える瞬間に出会えるテーマです。

写真4-2　読書週間直前のブックトークで，本の内容を見せながら学校司書が本を紹介

写真4-3　本を紹介する前の導入として，どんな本を読むといいかについて話す学校司書

第4章　高等学校でのブックトーク

テーマ6　友達ですか？　恋人ですか？

【設定理由】
　人とのつきあい方に悩む時期なので，本で疑似体験をしながら自分ならどうするかを考えてほしい。
【対象学年】高校全学年
【時間の目安】15～20分
【実施するとき】保健　家庭科

紹介する本

❶『レインツリーの国』
有川浩 著
新潮文庫　2009年

❷『百瀬，こっちを向いて。』
中田永一 著
祥伝社文庫　2010年

❸『だれかのいとしいひと』
角田光代 著
文春文庫　2004年

❹『夜のピクニック』
恩田陸 著
新潮文庫　2005年

❺『博士の愛した数式』
小川洋子 著
新潮文庫　2004年

●シナリオ●

　この図書館にはいろいろな本があります。人気のミステリーやファンタジーは，ベストセラーになり，映画化やテレビドラマ化されることも多いので，あらすじを知る機会も多いでしょう。でも恋愛小説で映像化する話はなんだか現実的ではないと思ったことはありませんか？　友情から恋愛に変わるタイミングとか，心理描写を上手く書いてくれている本が少ないですね。あっという間に関係が変わる恋愛小説より，そのちょっと手前の友達以上恋人未満の関係が一番面白く

参考になるのにね。ということで，今回は人とどうつきあうか，について考えるヒントになる本を20分で紹介していきます。

まず有川浩さんの『レインツリーの国』（本を見せる）です。この有川浩さんは，性格や好みに関係なく，今の君達にピッタリな内容の本を多く出しています。読んだことのある人はいますか？（全体を見渡す）まず出会いが今風です。10年前に読んだ本の感想をネットで見つけて，それを読んだ主人公が感想を書いたところから物語ははじまります。最初の数ページは，他人のメールのやり取りをのぞき見しているような気持ちになります。こんな風に盛り上がれるネタがある２人がうらやましいです。たぶんメールじゃなければここまで本音で語り合わないでしょう。メールのやり取りの回数が増すごとに，今度は相手の書いてきた内容に悶々と悩みます。傷つけちゃったかなとか，あれはどんな意味なのかとかね。

みんなもそんな経験あるでしょう。（「ないかな？」「どう？」と周りの生徒に聞いてみる）そんなやりとりが続くと，やっぱり会いたい！という展開になります。でも，それだけじゃ本当にただの恋愛小説ですね。（周りを見渡す）ヒロインである彼女の方に，どうしても会えない，会いたくない理由がありました。（「何だと思う？」と聞いてみる）その理由は今ここではお話しませんが，（生徒はガッカリという顔）会った後，２人は喧嘩をしてしまいます。

その後のメールで彼女から，「もしかしたらこれが最後になるかもしれないけど，今までありがとうございました。最後であんなことになっちゃったけど，でも最後に会えてよかったです。会わなければよかったけど，会えてよかったです。」と送られてきます。

なんだ，このまま終わっちゃうの？とかこの後どうなるの？と思うでしょう。最後はどうなるんだろうね。結論をここでは話しませんが，この時代に生まれて良かったと思えるお話です。読みながら，自分だったらどうするか考えてしまうでしょう。

次は，まさに友達から恋人に変わるかもしれない人間関係を描いた青春小説『百瀬，こっちを向いて。』（本を見せる）です。この本には４つのお話が入っていますが，私がとくにおすすめなのが最後の「小梅が通る」です。本当はすごく美人なのに，わざとブスメイクをして学校に通っている女の子の話です。

みんな，第一印象は顔だと思っているでしょう？　少しでもいい顔になりたいと考えていませんか。（「思ってるよね？」と聞いてみる）でもこの小説を読むと，美人もそれはそれで大変そうだぞ，ということがわかってきます。

主人公は，もともと人に注目されるのが好きではないし，洋服も地味な色が好きで着飾って外出するより家にいる方が好きです。そんな美人って，あまり見かけないような気がします。でもよく考えたら顔は持って生まれたものなので，美人にもいろいろな好みや性格があっても不思議ではないですね。そんな彼女は小さいころから男子に常に見られ，うわさされ，女子からはライバル視されて友達も全然できませんでした。性格はまったく関係なく，もてたり，嫌われたり，を繰り返すと恋愛どころか友達すらできなくなりそうです。

なんでもあるレベルを超えてしまうと生きにくそうです。道端の石ころのように目立たない存

在でいたかったのに，クラスメートの男子に町で素顔を見られてしまいます。咄嗟に架空の存在である「妹の小梅です」，と嘘をつきます。小梅は2人の共通の話題の人となって話をするようになり，お互いが気になる存在になっていきます。読むほうは，この嘘がいつかばれるんじゃないかとひやひや，やきもきします。"早く本当のこと言っちゃいなよ"と思うけど，今さら言えないんだろうね。

　さあ！　この二人は果たしてどうなるんでしょう。（少し間を置いて）この他に，"こんなことあるよな"と思わせる話が3つ入っています。話の続きを書いてみたくなるような内容ばかりです。

　友情と愛情はどこがどう違うんでしょう。大好きな友達といつもいっしょにいたのに，友達に恋人ができて1人の時間が増えると，その友達の恋人のことをちょっと恨んでしまう，なんてことはありませんか。（「あるある」「あるかも」などの反応あり）

　角田光代さんの『だれかのいとしいひと』という短編集の中に，「バーベキュー日和」というお話があります。その中にこんな言葉がありました。

　「好きなんて気持ちがなければいい。だれかがだれかを好きになるという気持ちなんてなければ，あたしたちは恋だの愛だの友情だの，そんなものを何ひとつ知らないこどもみたいに，いつまでもひっついてじゃれあって暮らしていけるのに。」

　この本の主人公は，とっても仲の良い友達ができると，その子の何もかも知りたくなって，共有したくなってしまいます。友達の彼氏とも仲良くなりたくて，結局一番最低なやり方で取ってしまいます。どんなやり方かはここでは言えません。（「気になるねー」などと話したり，ニヤニヤしている）その結果友達とその恋人に嫌われ，友達は1人もいなくなります。本人は病気かな，と悩みながら同じことを繰り返してしまいます。友情と恋愛は似ていて，行動の深い部分は自分でも説明しにくいかもしれません。相手に伝えきれない言葉ってありませんか？

　この恩田陸さんの『夜のピクニック』（本を見せる）という本は，友情でも愛情でもない複雑な関係の2人がでてきます。この物語の主人公は，高校3年生で，周りから付き合っているんじゃないのと噂される2人です。2人には，人には言いたくないある秘密があります。（「エッ！何？」との声）それは言えません。何でしょうね。（全体を見渡して　少し間を置いて）

　舞台となるのは，全校生徒が夜にひたすら歩くという学校行事です。歩きながらいろんな話をします。話しながら彼らの中で何かが確実に変わっていきます。暗闇で顔が見えないけれど，確実に隣にいるという状況だから言えることがあります。今この瞬間，同じ苦労をしているという連帯感もあるかもしれません。同級生の意外な一面が見えたり，今まで言えなかったことや話しかけられなかった相手と話しをします。

　3年生は高校生活最後のイベントであるこの行事で，さまざまなしこりを取り除いて卒業したいと考えていますが，果たしてきちんと話すことはできるのでしょうか。大きな事件は何も起きません。だんだん自分もこの夜間歩行をしているような錯覚にとらわれるでしょう。続きが気になって自分も夜中に同級生と歩きたくなるような本です。

最後に『博士の愛した数式』（本を見せる）です。映画化もされましたね。見た人いますか？（全体を見渡し，反応があれば話しかける）今まで小説にはまったく興味がなかった理系の人にとくにおすすめです。
　主人公の数学博士は記憶が80分しかもちません。家政婦のわたしは，博士とのやりとりに初めから緊張します。まず会話がまったくかみ合いません。たとえば初めて会ったとき，自己紹介の前に博士が聞いてきたのは，「君の靴のサイズはいくつかね」ということでした。少し読みます。
　「「24です」「ほお，実に潔い数字だ。4の階乗だ」博士は腕組みをし，目を閉じた。しばらく沈黙が続いた。「カイジョウとは何でしょうか」」
　こんな感じです。私がこの場にいたら同じことを聞いていたと思います。ちなみに「1から4までの自然数を全部掛け合わせると24になる」これが博士の答えです。この先，家政婦としてやっていけるか不安になるでしょうね。でもこの博士は「何を喋っていいか混乱したとき，言葉の代わりに数字を持ちだすのが癖」なんです。記憶力を失った博士にとって，私はいつも新しい家政婦さんだから，慣れてくれることはありません。
　そんな博士のもとで，きちんと仕事ができるのでしょうか。でも博士は子ども好きで，野球好きな人間らしい一面を持っていました。この野球と子どもという脇役は，私の先生に対する心情を上手に伝えてくれます。少しずつ博士と私と子どもの関係は変わってきます。哀れで変な老人であると思っていた博士が，この家政婦とその子どもに出会えて，きっと幸せな晩年だったんだろうと思います。心温まる名作で，今回のテーマにピッタリな本です。
　以上の5冊は友情や愛情の奥深さと，心のひだを探るようなおすすめの本ばかりです。今回の本を読むと，近くにいる友達ともっとゆっくり話したくなるかもしれません。人も本もいつでもみなさんの側にあります。そんな当たり前のことに気がつくブックトークでした。

★ワンポイントアドバイス

「このテーマは盛り上がるだろう！」と考えて実践すると，生徒の複雑な表情に戸惑うことがあります。大人には悟られたくない，複雑な思いを秘めているようです。ここで紹介した本は有名な本ばかりなので，読んだことがあるという生徒に感想を聞くのもいいでしょう。語り手が，友達や恋人とのエピソードなどの話に繋げられると，生徒たちの目が輝きます。本を介して，大人と本音で語る題材となるブックトークです。

第 4 章　高等学校でのブックトーク

テーマ7　絵画だけではわからない

【設定理由】
　絵の細部から史実を探り，想像しながら教養を深める読み方を提案したい。
【対象学年】高校全学年（美術選択者）
【時間の目安】20分
【実施するとき】美術

紹介する本

❶『ベラスケスの十字の謎』
エリアセル・カンシーノ 著
宇野和美 訳
徳間書店
2006年

❷『宮廷のバルトロメ』
ラヘル・ファン・コーイ 作
松沢あさか 訳
さ・え・ら書房
2005年

❸『ミムス　宮廷道化師』
リリ・タール 作
木本栄訳
小峰書房
2009年

● シナリオ ●

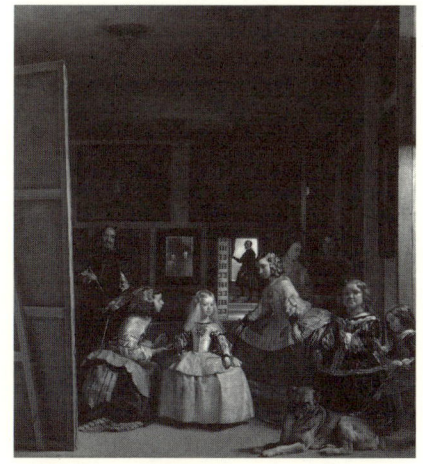

図4-1　ベラスケス　ラス・メニーナス（女官たち），1656年，マドリード，プラド美術館
（© Museo del Prado, Madrid/Joseph Martin）

　まずこの絵を見てください。（絵を見せる　少し間を置いて）1656年に描かれたこの絵を見たことがある人はいますか？　この絵のタイトルは「ラス・メニーナス」"女官たち"です。この真ん中にいる王女の肖像画だけ見たことがあるかもしれません。スペインのマルガリータ王女です。
　写真の発明は19世紀に入ってからですから，この時代は自分の姿を残す方法として，画家に肖像画を描いてもらうしかありませんでした。このマルガリータ王女の絵はウィーン美術館やプラド美術館にあって，今でいう"お見合い写真"として相手国に送られていたものだということがわかっています。このマルガリータ王女の生きていたスペインで，宮廷画家として働いていたのがこの絵を描いたベラスケスです。
　この絵の中にベラスケス本人がいます。（絵の中の人物を指して）この絵筆を持っている人ですね。このベラスケスは何を描いているのでしょう。絵をよく見てみましょう。鏡に国王と王妃が映っています。一国の王をこんな風に描くのは非常にめずらしいです。

この絵は宮廷画家のベラスケスが国王夫妻を描いている様子を，マルガリータ王女が女官をつれて見に来たところであるといわれています。あの時代のスペイン王室の様子がわかる絵です。

　この絵を見てなんとなく違和感がある場所はありませんか？　王女より存在感のあるこの女性と犬を足で踏んでいる少年，そしてそれに耐えている犬です。この女性と少年は，矮人と呼ばれ，宮廷でいっしょに暮らしていました。当時多くの矮人が宮廷にいました。宮廷道化師として身分の高い人の前で，笑わせたり踊ったりする者だけではなく，この絵の2人のように王妃の遊びの相手として仕えていた者もいたようです。今日はこの慰みの人々と呼ばれて宮廷で働いていた矮人や宮廷道化師が主人公になっている本を3冊紹介します。

　まずこの髪の長い少年が主人公の『ベラスケスの十字の謎』（本を見せる）です。この本の表紙は，先ほどの絵の一部が描かれていますが，一カ所ちがっている場所があります。（少し間を置いて　表紙を全体に見せる）

　そうです！　少年が赤い十字の紋章をもっていますね。元の絵で見るとこの十字の紋章はこの絵を描いたベラスケスの胸にあるものです。この十字の称号がなんだか知っている人はいますか？（少し間を置いて　「知っている？」と聞いてみる）これはサンチアゴ騎士団の紋章で，当時スペインでもっとも権威のある貴族集団であったといわれています。ベラスケスがこの称号を得たのは，この絵を描いた3年後でした。ということでこの十字の紋章は後に誰かが描いたとされています。そんな逸話をもとに描かれたのが，この本です。

　この少年は生まれつき小さく生まれたために，7歳でイタリアから宮廷に連れてこられました。生まれ育った町にいて差別されながら仕事にもつけずに暮らすよりいいと親が判断したためです。この少年がなぜこの絵の中に描いてもらえたのか。ベラスケスに十字の紋章を描いたのはだれで，いったいなぜなのか？ということを探っていくミステリアス・ファンタジーです。

　もう一冊この絵のここに描かれている犬にスポットを当てた，『宮廷のバルトロメ』（本を見せる）という本です。主人公のバルトロメ少年も背が小さいのですが，それだけではありません。背中にこぶがあり，二本足で歩くのがとても難しいのです。親には怒られますが，手と足を地面につけて4本足で歩く方が早く歩けます。親や兄弟がとても心配して彼が自立して生きていけるように教育してくれたので，彼は文字を覚え少し本が読めるようになります。障害はあるけれど，やさしい家族に囲まれて幸せで，なんとかこのまま成長してほしいと心の中で応援したくなります。

　そんな彼に最大の不幸が訪れます。幼い王女の目にとまってしまう事件が起こるのです。その結果バルトロメは人間犬として宮廷に入らなければならなくなります。王女の命令は絶対です。彼は人間なのに，犬の衣装を着て顔に犬のメイクをして一日過ごし，犬として床に寝る日々を送ります。

　これは小説なのでフィクションですが，宮廷道化師という仕事を考えるとこんなこともあったのでは，と思えてきます。残酷な差別に胸が痛くなりますが，これを描いた作者のラヘル・ファン・コーイさんが，障害者支援にかかわってきた方だということを知ると見方が変わってきます。徐々に読者に何を知らせたかったのかに気がつくでしょう。知らなかったために，人を傷つけた

り差別を生むことがあります。この王女がまさにそうですね。このバルトロメは最後にどうなったのでしょう。それは読んでからのお楽しみとします。唯一いえることは，希望を捨てず生き続けること。そうすれば，新しい道が見えてくるということです。

最後に『ミムス　宮廷道化師』（本を見せる）という話です。この話は敵国の罠にはめられ，牢獄で囚われの身になる代わりに宮廷道化師として働く，フローレン王子の物語です。魔法使いも出てきません。呪文もありません。口答えをすれば地下牢の国王や家臣たちが殺されてしまうかもしれない状況です。

当時の宮廷道化師は，ペットのような扱いを受けながらも身分の高い人々に無礼な口を聞いても許される存在であったようです。王子は，今までの何不自由ない生活から，ペット扱いにまで落ちます。敵国では，面白いことをすれば食べ物を犬に与えるように投げてもらえます。でも王様や王女様のごきげんをそこねると食事は抜きになります。こんな衣装（表紙を見せる）をつけて，いつも宮廷のみんなを笑わせる。そんなことがこの誇り高き王子にできるのか。

鞭で打たれる拷問のシーンは読み飛ばしたくなるほどリアルです。なんとか無事に自分の国に帰ってほしいと祈りながら読み進めることになります。世界史でも中世はとくに人気があります。国と国との戦いもゲームの設定でありそうですね。人気の中世の世界に自分もどっぷり浸かり，心まで支配されそうです。

暗号を解読し，人の心を推察して最も信頼できそうな人はだれか，と考え続ける王子に気持ちの休まる暇はありません。途中から憎たらしかった相手国の国王がりっぱな君主であることを知ります。逆にフローレンの父である王には残虐な行為を行った過去があり，その復讐として，今の事態が起こっていることに気がつきます。見方を変え立場が変わることで，見えてくることがあります。後半はハラハラドキドキの展開が続くので時間が経つのを忘れてしまいます。小説の面白さを堪能できる一冊です。

今日は絵画から矮人のことを知り，彼らの仕事であり生きる手段であった，宮廷道化師をヒントに3冊の本を紹介しました。中には児童書扱いの本もあるかもしれません。でも中世ヨーロッパの時代背景と内情，そこで働かなければならなかった人々が背負っている現実をきちんと理解できるのは，高校生である君達だと判断しました。時代を表す絵があります。絵から本へ。本からまた絵へ。そんな見方や読み方ができるようになると，大人としての教養が深まると思います。そんな思いを込めたブックトークでした。

★ ワンポイントアドバイス

書棚に埋もれて開かれることの少ない画集と本を組み合わせてのブックトークです。歴史関連の本や神話との組み合わせのすすめ方も面白いでしょう。世界史でも中世ヨーロッパはとくに人気が高く，興味のある生徒を多く見かけます。宮廷，魔女，騎士団のように謎が多く秘密めいた言葉にとくに惹かれるようです。あらかじめ対象となる生徒の情報を収集して，キーワードを決め，話の中にいっしょに組み込むと魅力的なブックトークになります。

テーマ8　気づかなかった，知らなかった，長崎

【設定理由】
　長崎にはなぜ原爆を象徴する建物がないのか。平和教育の一環として違った角度から，良書を紹介したい。
【対象学年】高校2年生
【時間の目安】10分
【実施するとき】平和教育

紹介する本

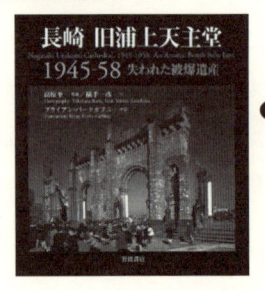

❶『長崎　旧浦上天主堂　1945－58：失われた被爆遺産』
高原至　写真
横手一彦　文
ブライアン・バークガフニ　英訳
岩波書店　2010年

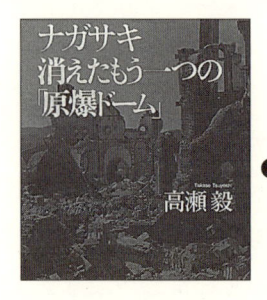

❷『ナガサキ消えたもう一つの「原爆ドーム」』
高瀬毅　著
平凡社　2009年

● シナリオ ●

　今日は長崎の歴史についての本の紹介です。"気づかなかった，知らなかった，長崎"と題して2冊の本を10分で紹介します。
　ここに写真集があります。(『長崎　旧浦上天主堂　1945－58』を見せながら話す) 長崎にあった浦上天主堂の1945年から1958年までの姿を撮った写真集です。
　1945年の長崎といえば何を思い浮かべますか (「何？　原爆？」ボソボソとした声) そうです。原爆ですね。長崎は広島と並んで原爆が投下された場所として世界的に有名です。今世界的にと言いましたが，同じ被爆都市でありながら広島とくらべて印象が薄いのが長崎ではないですか？広島には原爆ドームがあって，あの廃墟が世界中の人々に人類の愚かな行為を伝えてくれます。でも長崎には当時の建て物がないと思いませんか。
　実は1958年までの13年間，爆心地から北東に500mほど行った場所にこれはありました。それがどんなものであったかを伝える写真集がこれです。(14，15ページを見せながら) 悲しみの聖母像は爆風によって指先が欠けていて，放射熱で全体が黒く焼け焦げています。隣の聖ヨハネ像は鼻が欠けています。(54，55ページを見せながら) 頭と手足がなくなっているこの像は十字架にはりつけにされたイエス・キリストでしょうか。真っ黒な頭が無造作においてあります。クリスチャンでなくても目を背けたくなるほど痛ましく，無残な写真です。
　長崎県の浦上はキリスト教抜きには語れない場所です。日本史の授業でも習ったと思いますが，

この土地はキリシタンの村として，徳川幕府時代は260年間のキリスト教弾圧に耐えてきました。この浦上天主堂は信者の悲願の教会として，30年の歳月をかけて建設されたものでした。キリスト教信者の多いアメリカが，同じ信者が多く集まる浦上に原爆を落としたのはどうしてでしょう。

そこで，もう一冊の本を紹介します。『ナガサキ消えたもう一つの「原爆ドーム」』です。この中で先ほどの原爆投下場所についてのかなり詳しい説明があります。広島の次の原爆投下の場所として，初めは軍需工場のある小倉がターゲットであったということは聞いたことがありましたか？（少し間を置いて）でも前日の八幡製鉄所の空爆による火災によって小倉周辺に噴煙が上がり，目標が見えなかったため原爆を投下できず，そのかわり急きょ長崎になったということです。

長崎がどういう町なのか，浦上に自分達と同じ信仰の仲間が多くいるということを，当時アメリカ軍の原爆投下にかかわる隊員が理解していたかどうかまではわかりません。不幸な運命ですが，原爆は長崎に投下されてしまいました。そしてその後，浦上天主堂は1958年に取り壊されました。負の遺産として残すべきであったと，今なら異論を唱える人はいないでしょう。世界遺産レベルですね。

しかし，あの時代これを残しておいては困るところから圧力があり残せなかった，と著者である高瀬さんは伝えています。（「どうだろうね」「何かあるよね」などと聞いてみる）当時の長崎市長は初め保存に前向きだったようですが，アメリカへ1カ月滞在した後は明らかに態度が変わっていった，とあります。アメリカで何があったのでしょう。具体的には読んでください。

私が一つ気になったのは，こんな大切な決断を市で決めてしまうのか，市長の考えで変わってしまうのか，ということです。国家レベル，世界レベルの遺産だったのではないかと思うからです。

戦後の混乱の中で，原爆ドームを残した広島と浦上天主堂の廃墟を残せなかった長崎。当時を知る元議員の「慙愧の念に堪えん。」「二十世紀の十字架です」という言葉は，あの時代，長崎に生きながら何もできなかった市民の悲愴と苦悩を感じます。

8月になると戦争関連の特集やドキュメンタリーを頻繁に放送します。そのときこの本を思い出してください。自分で読み，考え，歴史から学び，同じ過ちを繰り返さないことが，日本の未来を作る若者の仕事でもあると思います。この本をどうとらえるかは君達次第です。真実を伝えるのも図書館の仕事です。そう思って紹介しました。ぜひ手に取って見てください。

★ワンポイントアドバイス

今まで平和教育を数々受けてきている生徒に，今までとは違った角度からの本の紹介となります。原爆関連の本は，「またか」と思わせてしまう可能性がありますが，少し謎めいたテーマなので，歴史好きの生徒に評判がいいです。題名だけでも内容の想像がつきますが，解説を加えることで，少しでも読んでみる気持ちになれば成功です。題名を覚えているだけでも，今後の興味関心に繋がることが期待できるでしょう。

Column

高等学校の学校司書として：「ヤンキーからセレブまでOKだね」

高校生と話し合う良さ

　学校図書館は生徒にとって，校内で唯一自由に出入りできる場所です。多くの生徒は，大人ともっと話したいと思っています。一方で，大人に考えを押しつけられるのを嫌い，無理矢理本を読まされることを嫌がります。生徒なりの基準があるからです。

　学校図書館で高校生を見ていると，彼らが世の中で思われているほど扱いにくく，難しい存在ではないことに気がつきます。自分に自信がなく，大人になることに怯えているようです。語彙が少ないため誤解されやすく，心情をきちんと説明できません。

　学校図書館では，本を介して話を進めることで，彼らの本音を聞き出しやすいと感じています。生徒一人一人と向き合いながら，思いがけない難解な課題と向き合うこともあります。学校司書として生徒に話しかけるとき，干渉しすぎず，押しつけにならないように言葉を選び，彼らが話してくれたことは，少しでも覚えているように，心がけています。生徒の"今"にあった本を紹介するために，話したい，話しかけられたい生徒を見つけ出し，本と結びつけるのも，学校司書の仕事の一つだと思うからです。

　「この本は私にあう？」と聞かれることがあります。本を選ぶために学校司書に頼る気持ちを持ってくれたのは，うれしいことです。あまり来館しない生徒の場合は，どんな本に興味があるのか，どんなときに読みたいのか，怖い本か恋愛系か感動系かなどを一つずつ確認していきます。生徒のタイプに合わせた"失敗のない本候補"が，分野ごとに頭の中に入っていると便利です。

　紹介した本がその生徒の心をとらえるものであったときは，学校司書のところに来てくれることがあります。たとえば，本を読みながら「なるほどね」とか「まじこぇ～」などの感想を言いたくなったとき，答えの出ない思いを読書後に抱いたとき，自分と照らし合わせて語りたくなったときなどです。ある生徒が「先生はヤンキーからセレブまでOKだね」と言ってくれました。たぶん，どの生徒のどんな話題も受け入れている姿を見て言ってくれたのでしょう。なにげない一言ですが，高校生なりの褒め言葉であると思い，今でも大切な言葉の宝物として心に刻んでいます。

高校生にとっての文化祭

　文化祭は生徒にとって一大行事です。何がしたいのか，どんな資料を必要としているのかを聞きだし，学校司書としてサポートすることがないかを探ります。あるクラスで劇に歌と楽器演奏を合わせたものを，全員参加で上演したいと相談されたことがあります。中心となる生徒といっしょに，シナリオ作成の助言や挿入する歌，舞台演出のアドバイスまで関わることになりました。学校図書館の本や取り寄せた資料を参考にして作ったシナリオは，オリジナル作品として満足できるものとなりました。文化祭後，シナリオを作った生徒が次のような感想を書いてくれました。「お手本がないものを作るのは本当に大変で，あるのは担任の先生の熱意と司書の先生のアイディア，そして図書館の本だけでした。文化祭から数ヵ月が経った今，当時を振り返ってみると私は凄く充実していたと気づきました。みんなと悩み話し合い，その時々は大変で，嫌だと思ったこともたくさんありましたが，それらの苦しかった思い出が，今ではとても大切だと感じています。」何もないところから一つずつ作り

上げる楽しさと，素晴らしさに，生徒が気づいてくれました。こんなサポートこそ，学校図書館の仕事の真骨頂です。こんな体験を，学校図書館の利用を通じて増やしていきましょう。

読書について

　高校生は，今まで，「本を読みなさい」と何度も言われ，「1冊の本を最後まで」読み，なおかつ「年齢に合った本を読むべき」と思い込まされています。合わない本を持ち続け，読まない時間が延びて，少しずつ本から遠ざかっていくのです。そんな呪縛を解き放つために，生徒が自然と本が読みたくなる環境を整え，一冊の本を読み終わらなくてもいいことや，児童書や絵本を読んでも，同じ本を繰り返し読んでもいいと，アドバイスをします。

　彼らはあと数年で，大人と呼ばれる年齢に達してしまいます。よい読書経験が，彼らの未来に，自信と安定を与えることになると信じています。どんな教科も基礎の積み重ねが大切であるように，本を読むことも読書習慣の積み重ねがとても大切です。読書は楽しい，本に救われた，教えられた，という経験が積み重なれば，彼らの身近に本はいつでもあるでしょう。そんな環境を学校で作りたいと思っています。本を読まない者に，本を選ばせ，本を開かせ，静かにさせ，読ませる読書という行為は，学校でしか設定できません。学校司書は，ブックトークや読書会，朝読書のような集団読書の時間を企画・運営し，読書活動として積極的に活用したいものです。

学校司書として

「どうしたら先生みたいに働けますか？」と問う生徒の目は高校生の頃の私と似ています。

　図書館で働きたくて，今の職場にたどり着きました。学校司書は，生徒の心の成長を直接感じることができる，魅力的な仕事です。しかし現状では，さまざまな学校現場で一人悩み苦しみ，模索し挫折を繰り返しながら働いています。そんな仲間の仕事の励みや応援になることを願って，第4章を書きあげました。今，改めて本の可能性を感じています。

　学校司書が多くの実践を重ね，読書体験が生徒の心に響き，生活を営むうえでの核になっていることに気づいたとき，学校図書館を取り巻く環境は，変わるかもしれません。私たちは，そんな長い目で本と生徒達を見続けながら，日々読書活動を続けています。

第5章

さまざまなブックトーク

実践例

テーマ1　それから，どうなるの？：読書の入門期に

【設定理由】
絵本の読み聞かせを大好きになった児童に，自分一人で本を1冊読破させ，「一人で全部読むことができた」という自信を持たせたい。
【対象学年】小学校2・3年生
【時間の目安】10分
【実施するとき】国語

紹介する本

『ヒキガエルとんだ大冒険①
火曜日のごちそうはヒキガエル』
ラッセル・E・エリクソン　作
ローレンス・D・フィオリ　画
佐藤涼子　訳
評論社　2008年　新版

● シナリオ ●

　今日は，大変なめにあってしまうひきがえるのお話を紹介します。この表紙を見てください。ぎろっとにらんだみみずくの目，ひきがえるはどうですか？（児童：「こわそうな顔してる」「びくびくしてるみたい」など答える）

　そうですね。このひきがえるの名前はウォートンといいます。もうすぐ，このこわいみみずくのえさになってしまうのです。この本の題名は，『火曜日のごちそうはヒキガエル』ですね。ここに見えるカレンダー（表紙のカレンダーを指す）の1月16日，火曜日は，みみずくのお誕生日なんだって。この火曜日のお誕生日のごちそうがウォートンなんです。（ゆっくり言いながら，児童全員を見ると「ええっ。かわいそう」「ひどいよう」など反応あり。ここを全員にわかるように確認することがポイント）どうして，こんなことになってしまったんでしょうね。

　（最初の挿絵を見せて）ウォートンは，兄弟のモートンと2匹で，土の中の居心地のよい家に住んでいました。モートンは，お料理が上手，ウォートンは掃除が大好き。2匹は助け合って仲良く暮らしていたのです。ところがある日，ウオートンがモートンの作ったおいしいお菓子をトゥーリアおばさんに，届けると言い出したのです。

　季節は冬で，外は雪が積もっていますから，やめたほうがいいとモートンは止めました。でも，ウォートンは，おばさんを喜ばせてあげるために何としても行きたいと思い，スキーを作りは始めました。そして，セーターを3枚，厚い上着を4枚，手袋2つして，出かけてしまったのです

が……（ひっくり返っている挿絵を見せる）ほらね，こんなことになってしまいました。（児童笑う）でも，ウォートンは，練習をして滑り出しました。

　途中で，雪に埋まっているシロアシねずみを助けて，友達になり赤いスカーフをもらいました。（ネズミの挿絵）それから，ロケットのように滑り出したウォートンなんですが……（見つかった挿絵を見せる）この，こわーいみみずくに見つかってしまったんです。そして，高い木の上の巣に連れていかれてしまいました。

　つかまったウォートンはどうしたでしょう？　まず，暗い巣だったので，リュックからろうそくを出して明るくしました。ウォートンは，おそうじが好きなので，かたづけをして，（お茶を飲んでる挿絵）リュックに入れてきたものでお茶の用意をしてあげました。みみずくには，今まで誰かとお茶を飲んだり，おしゃべりをしたりしたことがありませんでしたので，たくさんのことを話しました。次の日の朝，みみずくが出かけると，ウォートンはそうじをしました。（掃除の挿絵）そして，また夜にはお茶を飲みました。

　こんなに仲良くなったんだから，もう食べられずにすむかと思いますね。でもね，みみずくは「火よう日にごちそうをとりやめるつもりはないからな。」と言うのです。でも，ウォートンはいいことを思いつきました。セーターの毛糸をほどいてはしごにするのです。ウォートンはひらめきがいいですね。ところが，そのはしごが，もうちょっとで，出来上がるというところで，みみずくに見つかってしまい，外に捨てられてしまいました。

　とうとうお誕生日の日になってしまいました。ウォートンはみみずくに食べられてしまうのでしょうか？　それとも，助かる方法が見つかるのでしょうか？（児童が，答えるのをひとしきり聞いてから）この先，どうなるのかは，読んでみてください。この物語はシリーズがあります。（「ヒキガエルとんだ大冒険」シリーズの他の本を見せて）こちらも読んでみてください。

★ ワンポイントアドバイス

　小学校２年生ぐらいになると相当，読む力がついています。国語の教科書の音読も上手にできるようになっています。まず，全文をさっと読んでください。どこが心に残るでしょうか。無謀なことに挑戦するウォートンの冒険心ですか。あるいは，最後に，にくい敵であるみみずくを助けようとするウォートンの心でしょうか。ブックトークする人自身が，感動してください。その感動が子どもたちの心に届き，「読んでみよう」という気持ちにつながります。

テーマ2　斉藤洋の本を読もう：長い物語を読めるように

【設定理由】
　小学校中学年の児童は，楽しみながら読むことで自然に読書力をつける。まとまった長い物語を読破する自信をつけさせたい。
【対象学年】小学校3年生以上
【時間の目安】10分
【実施するとき】国語
【準　　備】
　その他斉藤洋の本を合わせて学級の人数分以上　掲示できる日本地図　拡大した挿絵

紹介する本

❶『ルドルフとイッパイアッテナ』
斉藤洋 作
杉浦範茂 絵
講談社　1987年

❷『ルドルフともだちひとりだち』
斉藤洋 作
杉浦範茂 絵
講談社　1988年

❸『ルドルフといくねこくるねこ』
斉藤洋 作
杉浦範茂 絵
講談社　2002年

● シナリオ ●

　今日は，みなさんに，斉藤洋さんの本を紹介します。まずは，この1冊『ルドルフとイッパイアッテナ』です。（表紙を見せて）この猫は，ルドルフと言います。ルドルフはある日，魚屋さんからししゃもを1匹，もらっちゃいました。猫ですから，お金を払わずに。魚やさんは怒って追いかけてきました。ルドルフは逃げて逃げて，トラックの荷台に飛び乗りました。とそのとき，怒った魚やさんが投げたモップが頭にあたって，気を失ってしまったのです。気がつくと，トラックは高速道路を走っていて，遠い遠い知らない町に着きました。そこは東京でした。やっと止まったので，ししゃもをくわえて降りました。と，そこに，大きなトラ猫が現れたのです。（絵を見せる）「おい，わかいの。ししゃもを置いてきな」って。こわいですねえ。でもね，どうもこの猫は悪い猫ではないようなんです。「ついてきな」って言ってくれました。
「ぼくは，ルドルフだ。あんたは？」名前を聞くと，「おれの名前はいっぱいあってな。」と答えました。「えっ，『イッパイアッテナ』って名前なのかい？」そうなんです。（66ページの挿絵を見せて）この猫には，トラ，ボス，デカ，ドロ，たくさんの名前がつけられていました。それだ

けではありません。すごいワザを持っています。(111ページの挿絵を見せる) 何ができるんでしょう？ (児童の予想を聞いてから) イッパイアッテナは字が読めるんです。そして，こういう場所にも連れていってくれました。(145ページの挿絵を見せる)「これはどこでしょう？」(児童から図書室という答えが出る) そうです。学校の図書室にも連れて行ってくれるんです。何のためか，それは教養のある猫になるためです。ルドルフも字の読み方を教えてもらうようになりました。

こんな毎日ですが，ルドルフはやさしい飼い主，リエちゃんの待つ家に帰りたいのです。リエちゃんはこんな風に話します。「ねこはええなあ。宿題があらへんのやで。」どこでしょう？ (関西？ 大阪？などの発言がある) 東京ではありませんねえ。ルドルフは，どこから来たのでしょう。みんなだって，どんなに楽しい所に行っても，家に帰りたいですよねえ。

ある日，テレビの画面に知っている景色が写りました。そこで，わかりました。ルドルフが住んでいたのは，岐阜でした。(日本地図を指して) でも，この岐阜へ東京からどうやって猫が帰れるでしょう？ (少し間を置いて) 字が読めるっていいことですね。なんと，商店街のポスターに，バス旅行で岐阜に行くことが書いてありました。(209ページの挿絵を見せる) ほら，ここに，岐阜って書いてあるでしょう？ 何とか，そのバスにもぐりこんでしまえばいいのです。

あと，1カ月。ルドルフは，何をしたと思いますか？ 一字でも多く，漢字を覚えられるようにイッパイアッテナに教えてもらいました。帰るまでにあと2日。ルドルフはうれしくて，学校の砂場での漢字練習も「帰る」の字ばかり書いてしまうほどです。ルドルフは無事にバスで帰ることができるでしょうか？

(223ページの挿絵を見せて) だましうちって書いてありますよ。ナイフがあります。(245ページの挿絵を見せて) この猫は，イッパイアッテナです。手前は犬のデビル，名前からして怖いですねえ。何か事件が起きるようです。この事件はいったいどういうことなのでしょうか？

この物語は，続きがあって『ルドルフともだちひとりだち』と『ルドルフといくねこくるねこ』です。続きがあるってことは岐阜に帰ってさようなら，というわけでもなさそうですね。

この他に，斉藤洋さんの本はこんなにあります。(集めた本を見せる) どの本もはずれなしにおもしろいですから，ぜひ読んでみてください。

★ ワンポイントアドバイス

このブックトーク後，シリーズの3冊を短期間に読破する児童が多いですので，事前に数冊購入しておくことをおすすめします。特に，1巻めの『ルドルフとイッパイアッテナ』は多めにあると，何人もが一度に読めます。公共図書館から借りておくのもよいでしょう。

テーマ3　安房直子の本を読もう：教科書に出てくる物語教材の発展

【設定理由】
　国語の教科書に出てくる物語の作者の他の作品に関心を持たせ，作者の作風や考え方に親しませたい。
【対象学年】小学校5・6年生
【時間の目安】10分
【実施するとき】国語
【準　　備】安房直子の本を学級の人数分以上

紹介する本

❶『うさぎ屋のひみつ』
安房直子　作
南塚直子　画
岩崎書店　1988年

❷『風と木の歌：童話集』
安房直子　著
偕成社　2006年

● シナリオ ●

　みなさんは，国語の教科書で，「きつねの窓」を勉強しました。不思議な物語でしたね。安房直子さんは，他にも物語をたくさん書いています。（集めてある本を見せる）その中から，2つの物語を紹介します。

　1冊めは『うさぎ屋のひみつ』です。キャベツ畑のとなりの小さな家に若い奥さんがいました。気だてはよかったのですが，たいへんなまけ者で朝早くだんなさんが家を出てしまうと，かたづけもめんどう，おそうじもめんどう，一日，窓のそばの椅子に腰かけて，レースを編んだり本を読んだりして過ごすのです。夕方になると「ああ，今夜のおかずは，何にしよう……」とつぶやくのでした。

　ところがある日いいことがありました。うさぎが1匹現れました（表紙を見せる）夕食配達サービス，うさぎ屋でした。会員になれば，毎晩，一流の料理を届けてくれるというのです。「会費はお金ではありません。奥さまのアクセサリーを1個，月初めにちょうだいするだけです。」奥さんは，その日，つけていた小さなガラスのブローチをはずしてうさぎに渡しました。その日に届いたのは，ロールキャベツでした。びっくりするほどおいしいロールキャベツ。だんなさんがすっかり満足して，ほめてくれました。

　そうしたら，奥さんは本当のことを言えなくなってしまったのです。そして，毎日，毎日，お

いしい料理が届くようになりました。(16ページ) 2日目は，えびのコロッケ，3日目は，とり肉のクルミソース，4日目は，白身魚のフライ，5日目は，とりと野菜のシチュー。毎日，違うメニューで，なんともいえないいい味，この料理を食べ続けると，もう，どうしても他の料理では満足できなくなりました。

そして，1カ月たって，うさぎ屋がやってきました。奥さんがガラスの腕輪をして待っていると，うさぎ屋は，「もう少し，値打ちのある。金の首飾りにしてください。」と言うのです。セーターの下には，お母さんがお嫁に来るとき持たせてくれた金のくさりをしていました。「これは，あげられないわ」と言うと，うさぎ屋は「配達はこれで打ちきりにさせていただききます」と言うのです。それは困ります。奥さんは，金のくさりをあげてしまいました。そして，また，毎日，おいしい料理が届きました。

さて，また1カ月。奥さんがガラスの耳かざりをつけて待っていると，うさぎ屋が今度は，左手の金の指輪，結婚指輪をくれと言うのです。(少し間を置いて)「どうしましょう？ あげますか？」(児童は，首を横にふったり，傾けたりする) 奥さんは，金の指輪をあげてしまいました。

そして，その夜，だんなさんに，とうとうばれてしまいました。「結婚指輪どうしたんだい？」と言われて，奥さんは，泣きじゃくりながら今までのことを全部話したのです。すると，だんなさんは，「うさぎの家をつきとめよう」と言いました。(少し間を置いて) 次の日，奥さんは，キャベツ畑のキャベツと同じ色の服を着て，音のしない靴をはいて，うさぎの家を探しに行きました。そこで見つけたのは (本の裏表紙の絵を見せる) こんなうさぎの家でした。さあ，奥さんはどうしたのでしょう？ 金のアクセサリーは取り戻せるのでしょうか？ あっと驚く展開です。読んでみてください。

次に紹介するのは，教科書の「きつねの窓」が出ている，この本『風と木の歌』にある「だれも知らない時間」という物語です。こんなお話です。長生きして，生きるのにあきてしまったカメが，毎日1時間，自分の時間をプレゼントしてくれるというのです。漁師の良太は，もらった夜中の12時からの1時間，大太鼓の練習をしました。誰にも聞こえない自分だけの時間です。大太鼓をどんなにたたいても，誰もわかりません。良太は誰にも聞かれずに，毎日，太鼓の練習をします。太鼓がうまくなった良太を待っている出来事は何でしょう？

安房直子さんの物語って不思議ですね。まだまだ紹介したいお話がたくさんありますが，みなさん読んで，自分のお気に入りの物語を見つけてください。

★ ワンポイントアドバイス

短い作品を一つか二つだけ読んで，紹介してください。その際，シナリオにあるように，結末を伏せておくのがコツです。安房直子の物語は，どれも意外な展開になるので児童・生徒を引きつけます。

| テーマ4 | 日光と徳川家康：修学旅行の調べ学習の導入に |

【設定理由】
　修学旅行の事前の調べ学習の時間にブックトークを行い，調べることに関心を持たせたい。
【対象学年】小学校5・6年生（修学旅行に行く2カ月前）
【時間の目安】15分
【実施するとき】総合
【準　　備】実物投影機　調べ学習シート（140ページ）を印刷しておく

紹介する本

❶『児童伝記シリーズ18　徳川家康：ばくふをひらき日本をまとめた人』
平塚武二 著
偕成社　1970年　購入不可

❷『修学旅行の本：新版　日光』
修学旅行研究会 編
国土社　2007年

❸『用語でわかる！　国際関係かんたん解説　上巻』
池上彰 監修
こどもくらぶ 編
フレーベル館　2005年

● シナリオ ●

　みなさんは，もうすぐ修学旅行で日光に行きますね。その前に日光についてよく調べておきましょう。
　さて，日光のこと，みなさん何かもう知っていることありますか？　日光東照宮というところに，とても有名な人が祀られています。誰ですか？　そうですね。徳川家康です。江戸時代の始まり，徳川第一代の将軍です。この人が祀られているんですよ。（『徳川家康』を見せながら）徳川家康の伝記があります。家康は，小さいときにお母さんから引き離されて敵に人質として預けられるという不幸な生い立ちでした。けれども，家康のお父さんがとても立派な人で家来を大切にしたので，その人達が帰りを待っていてくれて，チャンスを見つけて，もう一度，徳川家のお殿様になりました。そして，豊臣秀吉の一族を倒して，江戸，今の東京にお城を造り，日本を統一する将軍になりました。戦国時代を終わらせて，制度を整えて，250年間戦争のない平和な国をつくりました。この時代のことは，何度もテレビでドラマになっていますし，興味深いところです。歴史が好きな人，これから好きになりたい人どうぞ。
　でも，徳川家康はどうして，日光に祀られているんでしょう？　東京ではなく。家康は，初め，

静岡県の久能山にお墓が立てられています。生まれ故郷に近いからかもしれません。日光にどうして祀られるようになったのか，それは，調べてみてください。何かわけがありそうですよ。

　家康は，日本を統一した偉大な将軍ですから，神として祀られました。その孫にあたる3代将軍家光は，莫大なお金をかけて立派な東照宮を建設しました。その当時の一流の技を持つ人が集められました。これは本殿入り口の陽明門です。（陽明門が出ている『日光』の表紙を見せる）きれいですねえ。色鮮やかに竜などの彫刻が，500以上ほどこされています。朝から日が暮れるまで見ていてもあきないということで「日暮らしの門」とも言うそうですよ。それから，「見ざる，言わざる，聞かざる」の三猿，眠り猫（本の写真を実物投影機で映して見せる）ゾウの彫刻もあります。ゾウは当時の日本で誰も見たことがなかったので，想像して彫刻したそうです。だから，どこかみんなが知っているゾウとは違います。「日光を見ずして，けっこうと言うなかれ」こんな言葉があるほど，江戸時代から多くの人にあがめられてきた所です。代々の将軍は，たくさんの家来を連れて，日光東照宮にお参りしたそうです。

　ところで，日光は，家康が祀られる前はどんな場所だったのでしょうか？　すでにここには，1200年前から山の神様を祀り，お寺もある霊場でした。豊かな自然にも恵まれています。（写真を映して見せながら）近くにある日光連山，男体山，中禅寺湖，華厳の滝が有名です。豊かな自然があるから神様が祀られていたと言ってもいいかもしれませんね。

　豊かな緑と伝統あるお寺と神社，そしてこのすばらしい日光東照宮があるので，世界遺産として登録されています。世界遺産というのはなんでしょうね？『国際関係かんたん解説』の本を見せる）このような本を探すとわかりそうな気がします。出ているでしょうか？　出ているかどうか調べるには？　どうするの？（答えを聞いて）はい，目次と索引を見ます。目次に出てなくても索引に出ている場合もあります。（目次，索引を簡単に見せてから46ページを開いて）それぞれの国や民族が誇る，貴重な文化財や自然環境をユネスコが中心になって保護しています。日光は，日本人にとって大切な場所ですね。ところで，ユネスコって何ですか？　また，索引を見たらありますよ。（索引を前の児童に見せて）ほらね，調べるっておもしろいですね。こうやってどんどん調べましょう。

　修学旅行を機会に，日本人に大事にされてきた日光東照宮とその周辺の自然，歴史に詳しくなってください。よく調べて行くと，記念すべき修学旅行がさらに楽しく，充実したものになりますよ。調べたことは，この調べ学習シートに記入してください（140ページ参照）。

★ワンポイントアドバイス

　修学旅行に行く前の調べ学習は，どの学校でも定着している学習です。その際，導入にブックトークを行うと意欲的に調べることができます。本に出ている写真などは，拡大投影機で大きくして見せるといいでしょう。

このような用紙に，1項目ずつ短く書くと，わかりやすくまとめられます。

調べ学習シート　No. 1	（　）年（　）組　（氏名　　　　　　　　　）

Q. 世界遺産とは？

（吹き出し：自分が書いた何枚目か）

A.

（吹き出し：短い文章はそのまま写す。長い文章は短くまとめる。または，箇条書き（かじょうがき）にする。）

（吹き出し：株式会社は書かない。）

（吹き出し：ほかに，調べたいことが浮かんだら書いておく。）

参考資料	書名	国際関係かんたん解説		
	発行所	フレーベル館	発行年（最新）	２００５年

もっと知りたいこと　ユネスコってなんだろう？

調べ学習シート　No.	（　）年（　）組　（氏名　　　　　　　　　）

Q.

A.

参考資料	書名		
	発行所	発行年（最新）	

もっと知りたいこと

※コピーして使用してください。

第5章　さまざまなブックトーク

| テーマ5 | ベルヌの本を読もう：先生が子どものときに好きだった本 |

【設定理由】
　担任の先生が子どものころに読んだ本の話をすることで，児童に読書への関心を持たせたい。

【対象学年】小学校4年生以上
【時間の目安】10分
【実施するとき】国語　朝読書の時間
【準　備】学校図書館からジュール・ベルヌの本を借りておく

紹介する本

❶『十五少年漂流記』
ジュール・ベルヌ　作
那須辰造　訳
金斗鉉　絵
講談社青い鳥文庫　1990年

❷『海底2万マイル』
ジュール・ベルヌ　作
加藤まさし　訳
高田勲　絵
講談社青い鳥文庫　2000年

●シナリオ●

　この『十五少年漂流記』は，先生が，小学生だったときに夢中になって読んだ本です。お母さんに「早く寝なさい」と言われても，続きが読みたくて，寝たふりをしてこっそり読んだ本です。（児童笑う）

　この本は，題名にあるように，8歳から14歳までの15人の少年が登場する物語です。場所は，ニュージーランドです。この船に乗っているのは，イギリスやフランスのお金持ちの子ども達です。15人の少年は，船に乗って楽しい休暇を過ごす予定でした。もちろん，大人もいるはずでした。ところが，子ども達が泊まった夜，まだ，船が出る予定ではないのに，つないであったロープがはずれて海に出てしまったのです。大嵐の中，少しだけ船の操縦がわかる大きな少年達が舵をとり，何とか陸にたどり着きました。陸には人っこ一人いません。

　大きい少年達4人が探険してみることにしました。ほらあながあり，人がいたようです。船にいっしょに乗ってきた犬のファンがうすきみ悪そうにほえますが，誰もいません。入ってみると，ぼろぼろの服やさびたナイフがありました。そして，外の木のそばに人間の骨がちらばっていたのです。たった一人でここに住み，助けられずに，亡くなったようです。では，自分達も，そんなことになるのだろうか，誰もが不安になりました。この亡くなった人が残した地図で，ここは無人島だとわかりました。でも，少年達は，くじけませんでした。

141

そのほら穴に移動して，穴を広くして，みんなが暮らせるようにしました。大統領を決めることになり，選ばれたのは，ゴードンでした。ゴードンは，みんなと相談して生活するための約束を決めました。午前と午後２時間ずつ勉強をすること，週に２回，毎日の生活の問題を話し合うことなどです。食べ物は，鉄砲があったので，鳥をとって調理しました。ラマや山羊を生け捕りにして飼い始めました。飼っている動物をねらってくるきつねを殺して，冬に向けて毛皮の用意をしました。あざらしを殺して油をとり，火をともしました。計画的に上手に暮らせるようになったのです。

　ところが，15人の少年達の中で，けんかが始まってしまったのです。そして４人が別行動をすることになってしまいました。みなさんが遊んでいるときもそんなことはありませんか？　でも，ここは無人島です。仲間割れなどして大丈夫なのでしょうか？　やはり，大変なことが起きました。この無人島に悪者が難破してやってきたのです。船長を殺して船をうばった悪者７人です。この悪者達と少年達は戦うことになりました。もうけんかなどしていられません。さて，この15人の少年は，悪者に勝つことができるのでしょうか？　そして，家に帰ることはできるのでしょうか？　また，なぜ，子どもだけの船が嵐の海に漂流してしまったか，その理由もわかります。読んでいると15人の少年の仲間の一人になったような気持ちになります。

　この物語の作者はベルヌという人です。ベルヌの有名な作品には，この『海底２万マイル』もあります。こんな物語です。1866年，あちこちの海に大きな怪物が現れ，世界中を不安におとしいれました。その謎を解くために選ばれたアロナックス博士と召使いのコンセイユ，気が短い荒くれ者の漁師のネッドの３人が，この怪物の中に閉じこめられてしまうのです。実は，怪物というのは，潜水艦ノーチラス号でした。閉じこめられるといっても海底を窓ごしに見たり，海底散歩はできるのです。すばらしい世界でした。ときには危険もあります。たとえば，ノーチラス号が南極海の氷の中にとじこめられてしまうようなこともありました。

　ベルヌは1828年生まれ，今から100年以上前の人です。まだ，潜水艦がなかった時代に考えました。まるで，後の世に実現した潜水艦を見て作ったような物語です。こちらも読んでみてください。

★ワンポイントアドバイス

　先生方が子どもの頃に読んで現在も販売されているロングセラーは，今も児童の心をとらえます。その１冊が『十五少年漂流記』です。同じくベルヌの『海底２万マイル』や『怪盗ルパン』『名探偵ホームズ』『赤毛のアン』『あしながおじさん』なども紹介するとよく読まれる本です。

　紹介する前にもう一度，手にとって読み，子どもの頃に，どこにわくわくしたのか思い出してください。そして，それを伝えてください。

第5章　さまざまなブックトーク

テーマ6　なぜベンチに座れないの？：物語の背景を知るために

【設定理由】
　ブックトークで，ユダヤ人迫害に関する本に関心を持たせ，教科書教材の理解をより深めたい。
【対象学年】中学校1年生
【時間の目安】10分
【実施するとき】国語

紹介する本

❶『あのころはフリードリヒがいた』
ハンス・ペーター・リヒター 作
上田真而子 訳
岩波少年文庫　1977年

❷『アンネの日記』
アンネ・フランク 著
深町眞理子 訳
文藝春秋　2003年
増補新訂版

❸『アンネ・フランク』
キャロル・アン・リー 著
橘高弓枝 訳
偕成社　2003年

❹『ホロコーストの跡を訪ねる』
荒井信一 文
山本耕二 写真
草の根出版会　2002年

❺『レジーン・ミラー物語：生きぬいたユダヤ人少女の記録』
ウォルター・ブッキグナーニ 著
薩摩美知子 訳
金の星社　1995年

❻『杉原千畝物語：命のビザをありがとう』
杉原幸子・杉原弘樹 著
金の星社　1995年

❼『約束の国への長い旅』
篠輝久 著
リブリオ出版
1988年

● シナリオ ●

　みなさんが国語教科書で勉強している物語の「ベンチ」が出ているのは，この『あのころはフリードリヒがいた』です。みなさんは，なぜ，座っていいベンチと座れないベンチがあるのか，不思議に思ったのではないでしょうか？　この本は，ヒトラーが政権をとったドイツの出来事を，ドイツ人である少年の目を通して書いたという設定になっています。ヒトラーはナチスという政党を作り，「ドイツ人こそが優れた民族」と考え，ユダヤ人は劣っているから迫害する，という考えを持って，実行に移しました。ドイツ人の「ぼく」は，ユダヤ人のフリードリヒと友達でした。題名からわかるように，フリードリヒは亡くなってしまいます。

『あのころはフリードリヒがいた』は作者であるリヒターの当時の経験をもとにした物語ですが、これから紹介する本は、すべて本当の話です。
　まず紹介する『アンネの日記』は、実在したユダヤ人の少女、アンネが書いた日記です。アンネたち家族は、ナチスに見つからないように、知り合いの家族といっしょに、隠れ家に住みました。建物の3階までのように見せて、本棚で隠した入り口の奥に部屋と4階、屋根裏部屋があるという造りでした。そこに隠れ住んだ毎日に書いた日記です。アンネは、ちょうど、みなさんと同じ年齢でした。お母さんとけんかをしたり、いっしょに隠れて暮らすペーターを好きになったりします。読んでいると、友達の手紙を読んでいるような気持ちになります。
　このアンネの実際の状況を詳しく書いてあるのがこの『アンネ・フランク』です。平和なときに、のびのびと水着でいるアンネとお姉さんの写真を見ると、この後に、不幸な出来事が待っているのがうそのようです。
　アンネたちは、何者かの密告で、隠れ家にいることがわかってしまい、お姉さんといっしょに強制収容所に連れていかれて、そこで亡くなってしまいました。強制収容所がどんなところだったのかは、この『ホロコーストの跡を訪ねる』を読むと、わかります。このアウシュビッツ収容所では、2万1000人が亡くなったそうです。
　アンネたちは気の毒な最期になりましたが、ユダヤ人を助けた人達もいたのです。『レジーン・ミラー物語』は、助けてもらえたユダヤ人の少女の記録です。10歳のレジーンは、ユダヤ人の子ども達を助ける組織の人達に守られて、生き延びることができました。でも、それは簡単なことではありません。ほとんど口をきいてくれない女の人の家にあずけられたり、突然、別の町に連れていかれて、「今日からあなたの名前は、オーギュスタ・デュボアよ」と言われて見ず知らずの少女にならなければいけなかったり。かくまってもらっている家にドイツ人が来て、ユダヤ人とばれないようにしたり。怖い思いもしました。
　ユダヤ人を助けた人には、日本人もいます。杉原千畝さんです。(『杉原千畝物語』『約束の国への長い旅』の表紙を見せながら)杉原さんは、当時リトアニアの日本領事でした。ユダヤ人は迫害をまぬがれるためにソ連を通って日本を経由して、南アメリカに逃げる計画でした。そのためには日本を通れるビザが必要で、それを書いてほしいと杉原さんに頼んだのです。杉原さんは日本からの命令に背いて、ビザを書きました。6000人に近いユダヤ人を助けました。全部手書きです。朝から晩まで、書きとおし、日本からの命令で移動する汽車の出発間際まで書き続けました。
　これで、「ベンチ」の時代についてのブックトークを終わりにします。紹介した本を読んで、忘れてはいけない歴史の事実を胸に刻んでください。

★ ワンポイントアドバイス

　国語の教科書にある物語教材の時代背景を理解させるためにブックトークは、とても有効な方法です。学校図書館に関連する本を集めたコーナーを作っておいてください。

第5章 さまざまなブックトーク

テーマ7　数学を楽しむ本：数学の先生のおすすめの1冊

【設定理由】
　数学が自然界や生活の中でどのように生かされているのか，書かれている本に関心を持たせ，数学への興味を持たせたい。
【対象学年】①中学校3年生（素数の学習後）　②中学校全学年
【時間の目安】各5分

① 『素数ゼミの謎』

紹介する本

『素数ゼミの謎』
吉村仁 著
石森愛彦 絵
文藝春秋　2005年

② 『生き抜くための数学入門』

紹介する本

『生き抜くための数学入門』
新井紀子 著
イースト・プレス　2011年

● シナリオ① ●

　みなさんは，素数の勉強をしましたが，自然界では，この素数のおかげで生き延びている生き物がいます。（『素数ゼミの謎』の表紙を見せて）このセミです。素数ゼミという名前がつけられています。（「素数ゼミ」と板書する）

　2004年，アメリカで大量のセミが発生しました。シンシナティという町では，50億匹のセミが現れました。17年ごとに大量に現れるセミです。（22ページの大量の素数ゼミの写真を見せる）そして，発生すると遠くまで飛ばず，集まってきて鳴くので，うるさくて電話ができないほどです。この教室ぐらいの広さのところで400匹のセミが鳴いている計算になるそうです。アメリカには，もう1種類，13年ごとに現れるセミがいます。（17，13と板書する）17と13は，素数ですね。だから，このセミを素数ゼミというそうです。こんなに長く地中にいるのは，氷河期が関係していますが，（66，67ページを見せる）その事情は本を読んでください。それにしても，なぜ17年おき，13年おきに大量発生するのでしょう？

　セミは，地中に長く幼虫でいて，地上に出て成虫になったらすぐに結婚相手を見つけないといけません。交尾ですね。たくさんのセミが同じときに一度に大量に出てくると，その相手もすぐに確実に見つかり，子孫を残せます。せっかく地上に出ても結婚相手が見つからなかったら，ただ死んでしまうだけです。元々は，この地中に長くいるセミは，他にもいたそうです。12年ゼミ，14年ゼミ，15年ゼミ，18年ゼミなどです。ところが，他の周期のセミと混ざると困ったことが起

きてしまいます。その子どもの発生する周期がめちゃめちゃになってしまい，相手が少ないときに出てきてしまうので，子孫が減ってやがて滅んでしまいます。たとえば，12年ゼミと15年ゼミは，何年後に出会いますか？（板書する）

〔板書〕
12の倍数	12	24	36	48	<u>60</u>		
15の倍数	15	30		45	<u>60</u>		
13の倍数	13	26	39	52	65	78	91

　60年後には混りあい周期が異なるセミが生まれてしまいます。13年ゼミはなかなか，他の周期のセミと出会いません。（板書する）12年ゼミと出会うのは，156年後で，15年ゼミと出会うのは195年後です。だから生き残ったそうです。素数のおもしろさを考えながら，読んでみてください。

● シナリオ② ●───────────

　この『生き抜くための数学入門』という本は，夏休みに読む本としておすすめします。みなさんの中には，何で数学なんて勉強するんだろう？　算数で十分じゃないか？と思っている人いませんか？　この本の作者，大学教授の新井紀子さんは，その答えとして「数学的な構えを身につけるため」と書いています。たとえば数学的な構えのない人は，「安いと評判のスーパーまで遠出して，疲れて外食して帰る。」ということをしてしまうのだそうです。どうして，これが数学的な構えがない例なんでしょう？（数人答える）他にも例があるので，これからに備えて読んでおくといいかもしれません。「なぜ」と自分自身にたずね，論理的に順序よく考えることができることが大切ということです。

　また，こんなことも書いてあります。数の単位は，一，十，百，千，万，億，兆，京，その次は？　垓（がい，とふりがなをつけて板書する）です。それから後も続きますが，関心がある人は，本を見てください。最後は無量大数です。そこで数は終わりですか？（生徒，少し考える）漢数詞では名前がついていませんが，数はまだ続きます。限りなく大きいことと限りなく小さい数についての説明もあります。数学を好きな人，ちょっと苦手な人，両方におすすめの本です。

★ ワンポイントアドバイス

　学校図書館に数学に関するおもしろい本があるにもかかわらず，手にとられない傾向がありますが，紹介するとよく読まれます。シナリオ①は，素数の勉強をしたときに，シナリオ②は，夏休み前など長期休み前などに紹介してください。一部のおもしろい箇所だけ紹介し，「あと読みたい人は学校図書館へ」と締めくくってください。

第5章　さまざまなブックトーク

テーマ8　こんなことって……。：教頭先生のおすすめの1冊

【設定理由】
　教頭先生からのおすすめの本を聞くことで，その本に関心を持たせると同時に，読書への興味も増やしたい。
【対象学年】中学校全学年
【時間の目安】10分
【実施するとき】国語，朝読書の時間
【準　備】電話番号を書いた紙マッチ

紹介する本

❶『中国行きのスロウ・ボート』
村上春樹 著
中公文庫　1997年

● シナリオ ●

　今日，みなさんに紹介するのは，『中国行きのスロウ・ボート』という小説の一部です。作者は村上春樹さんで，初期の短編作品です。
　主人公は僕。ところで，みなさんには中国人の友達がいますか？　もしくは，中国人の方に出会ったことがありますか？　今からお話しするのは，僕が出会った3人の中国人との話です。
（ここから僕になったつもりで口調を変える）

　　はじめに，僕がアルバイト先で出会った中国人女性の話をしよう。大学2年生の春，僕はアルバイト先で無口な女子大生と知り合った。彼女は僕と同じ年齢，考えようによっては美人といえなくもなかった。僕が彼女と話らしい話をしたのは一緒に働き始めてから一週間ばかりたってからだった。僕たちは軽い世間話をし，彼女はその時，「私は中国人なの」と言った。
　　彼女は，中国人といっても日本で生まれ，小学校も日本の小学校だった。将来は通訳になることが夢で，駒込に兄と住んでいるということ，そんなことを聞いた。アルバイトの最後の日，僕は勇気を出して彼女をデートに誘った。僕たちはビールを飲んで，踊って，店を出てから，まだ肌寒い街を歩いた。一回目のデートにしては上出来だ。（ここでガッツポーズ！）
　　僕が「また誘ってもいいかな？」と聞くと，彼女は肯いた。僕は，彼女の電話番号を聞き，紙でできたマッチの裏に書き留めた。まだ携帯電話がなかった時代だし，せっかく聞き出した電話

番号を忘れたら大変だ。僕たちにとって電話番号の書いてある「紙マッチ」は宝の箱なんだな。
　僕は彼女を送るため新宿駅に向かった。山の手線がやってきて，彼女を乗せ，僕はおやすみと言った。彼女が小さくなっていく姿を見ながら僕は煙草を最後まで吸った。何かが頭の中で引っかかっていた。
　彼女の家はたしか駒込……えっ，駒込？　僕は最後に自分がひどい間違いをしてしまったことに気づいた。みんなは，山の手線に内回りと外回りと2種類あるのを知っているかな？　逆回りに乗ると何倍も時間がかかるんだ。僕は，別れ際に，間違えて彼女を逆回りの山の手線に乗せてしまった。僕は急いで電車に飛び乗って駒込駅で彼女を待った。
　彼女が駒込駅に姿を見せたのは，11時を10分ばかりまわったところだった。僕が謝ると「本当に間違えたの？　わざとやったのかと思ったわ」彼女の瞳から涙が二粒あふれた。（ここからは，ゆっくり文章を読んで聞かせる）「気にしなくていいのよ。これが最初じゃないし，きっと最後でもないから。正直言って，あなたといる時はとても楽しかった。こんなのって久しぶりだった。だから山の手線の逆回りに乗せられても最初は何かの間違いだろうって思った。けれど，東京駅を過ぎたあたりで何もかも嫌になって，もう夢なんてみたくないって……」
　僕は黙って彼女の手をとって，僕の膝にのせ，その上にそっと手をかさねた。そして，「ねえ，もう一度初めからやりなおしてみないか？　僕はもっと君のことが好きになれそうな気がする」と彼女に言った。彼女は何も言わない。「きっとうまくやれると思う。だから，明日会いたい」「本当に？」やっと彼女は口を開いてくれた。「電話するよ」彼女は黙って肯いた。

　彼女が帰った後，僕は一人ベンチに座り，紙マッチを取り出して，最後の煙草に火を点けた。そして，いつものように，空箱と一緒に大切な紙マッチも屑かごに投げ捨ててしまった。
　僕がその夜に犯した2つめの過ちに気づいたのは次の日。致命的だった。アルバイト先の名簿にも電話帳にも彼女の電話番号はのっていなかった。もちろん，駅の屑かごにもなかった。
（『中国行きのスロー・ボード』より要約して引用）

写真5-1　片岡通有教頭先生のブックトーク
（千葉県柏市立田中中学校）

この続き，あと2人の中国人との話は本を読んでください。でもね，最近見つけたんだ，そのときの紙マッチ。（ポケットから紙マッチを取り出し）電話番号が書いてあるでしょ，ここに。

★ ワンポイントアドバイス

　中学生になると，一般の大人向きの本を読むことができますので，先生方は，生徒に自分が最近読んだ本や学生時代に読んだ本を紹介してください。これは千葉県柏市立田中中学校の片岡通有教頭先生（現，柏市立酒井根東小学校校長先生）が，国語の時間に行ったブックトークです。

テーマ9　夢に向かって：道徳の導入に

【設定理由】
　道徳の導入にブックトークを入れることで，めあてに対して関心を持たせる動機づけとしたい。
【対象学年】中学校全学年
【時間の目安】10分
【実施するとき】道徳

紹介する本

❶『天才！成功する人々の法則』
マルコム・グラッドウェル 著
勝間和代 訳
講談社　2009年

● シナリオ ●

　私が，中学時代から描いてきた夢は，プロサッカー選手になることでした。私は中学生のときに，その目標を達成するために，どうしたらいいか逆算してみました。まず，大きな目標をプロサッカー選手になることに定め（大きな目標：プロサッカー選手になることと，板書）そのために中学校での小さな目標を全国大会で優勝，としました。（小さな目標：全国大会で優勝する！と，板書）そして，その目標を達成するために，日々の練習でどのくらいの時期に，何ができていないといけないかを考えました。そうすると，今日は何をしなければいけないかと考えて行動ができました。私は，その一つ一つの目標を達成してきました。中学時代は全国準優勝，高校時代は，インターハイ第3位になりました。目標を完全に達成はできませんでしたが，ほぼそれに近い結果を出すことができました。今も，もちろんサッカーを続けています。

　こういう考えを持ってきた私がすすめたい本は『天才！成功する人々の法則』です。天才といわれる頂点に立つ人たちがどのような生い立ちで，何をしてきたのかが書かれています。中学のときにこの本を読みたかったと思います。みなさんは，「生まれつきの才能」はあると思いますか？　答えは「明らかにイエス」とこの本に書いてあります。

　では，才能があれば頂点に立てるのでしょうか？　1990年代はじめ，心理学者のK・アンダース・エリクソンが，音楽アカデミーで教授の助けを借りて次のような調査をしました。アカデミーで学ぶバイオリニストを3つのグループに分けました。まず第1のグループは，世界的なソリ

ストになれる才能のある学生。第2はプロにはなれそうな優れたグループ。第3はプロにはなれないグループです。そして，全員に「はじめてバイオリンを手にしたときから，これまで何時間，練習してきましたか？」と同じ質問をしました。学生はだいたい同じ時期，5歳ごろから練習を始めて来ました。最初の2，3年はみんな同じで週に2，3時間です。ところが8歳になると大きな違いが見られます。トップクラスの学生は他のグループより多く練習に励み，調査した時点で，総練習量は，1万時間に達していました。2番目のグループは，8000時間。3番目のグループは4000時間でした。エリクソンはピアニストについても調査したところ，同じ結果になりました。音楽以外の分野でも同じことがいわれています。調査から浮かびあがるのは，世界レベルの技術に達するどんな分野でも，1万時間の練習が必要だということです。1万時間は，魔法の数字，マジックナンバーです。

　この本には，他にも天才に共通することが書かれていますが，「生まれつきの天才はいない，そこには何かの法則がある」という点がおもしろいです。他にはどんな法則があるのか読んでみてください。そのどれかを参考にしたら，自分の将来が見えてくる気がしませんか？

　では，これからみなさんに紙を配ります。そこに自分の夢を大きく書いてください。その後で発表してもらいます。（生徒から，えーっという反応）人の夢をばかにするほどみじめなものはありません。夢をどんどん友達や周りの人に語ってください。目標を持つことは人生の最高のスパイスで，大切なことです。（生徒の表情が真剣になる。一人一人の発表後は，みんなで拍手）

　今日，紹介した本は，みなさんにプレゼントします。少しむずかしいかもしれないけれども，読んでみてください。最後に，この本にも書いてあったことですが，努力をしたら必ず夢を実現できる，かどうかはわかりません。でも，夢を実現した人はみんな努力をしました。みなさんも自分の夢に真剣に向き合い，自分が好きなことに最大の努力をしてください。

＊　中学生になると，少しずつ現実がわかってきて，夢と現実のバランスがとれなくなります。周囲を意識して本音で語ることができない生徒もいます。夢を夢で終わらせないために，本を通して，一つの考え方を示し，自分の将来について考える機会とした実践例です。

　これは，大学生が教育実習で行ったブックトークを入れた授業です。筆者（渡辺）は，講義を受けている学生が教育実習に行く際，ブックトークをしてくる課題を出しています。村山翔平さんは担当の先生に相談して，道徳の時間に実施しました。最初は，雰囲気が落ち着かなかったそうですが，ブックトークを始めると真剣に聞き，授業全体がとても盛り上がり，最後には生徒から拍手がおきたとのことです。

第5章　さまざまなブックトーク

テーマ10　この名前を知っていますか？：全校朝会での校長先生のブックトーク

【設定理由】
　国語で学習した物語に児童は親しみを感じている。その作家にさらに関心を持たせることで読書意欲を高めたい。
【対象学年】小学校全学年
【時間の目安】8分

紹介する本

❶『ふたりはともだち』
アーノルド・ローベル 作
三木卓 訳
文化出版局　1972年

❷『わすれられないおくりもの』
スーザン・バーレイ 作／絵
小川仁央 訳
評論社　1986年

❸『アナグマのもちよりパーティ』
ハーウィン・オラム 文
スーザン・バーレイ 絵
小川仁央 訳
評論社　1995年

❹『一つの花』
今西祐行 作
小沢良吉 絵
岩崎書店　1995年

❺『大造じいさんとガン』
椋鳩十 著
大田大八 絵
小峰書店　1990年

❻『雪わたり』
宮沢賢治 著
堀内誠一 絵
福音館書店　1998年

❼『風と木の歌：童話集』
安房直子 著
偕成社　2006年

● シナリオ ●

　みなさん，おはようございます。（枯れ葉の掃除についての話の後）次に，みなさんに聞いてもらいたいことがあります。今から，人の名前を言います。その名前を知っている人は，小さく手を挙げてください。「アーノルド・ローベル」（数人挙手），「スーザン・バーレイ」（数人挙手），「今西祐行」「椋鳩十」（高学年が多く挙手），「宮沢賢治」（高学年のほとんどが挙手）。
　さすが6年生ですね。宮沢賢治，有名ですからよく知っていますね。さて，今の人達は全員，

151

物語の作者だということ，わかりましたか？　アーノルド・ローベルは1年生の「おてがみ」の作者です。がまくんとかえるくんのお話ですね。（低学年から歓声）

スーザン・バーレイは3年生の『わすれられないおくりもの』（3年生からさらに大きい歓声），今西祐行は，4年生の『一つの花』。椋鳩十は，5年生の『大造じいさんとガン』。宮沢賢治も5年生の『雪わたり』。安房直子は6年生の「きつねの窓」です。この本は，全部，みなさんが勉強している国語の教科書に出ている物語の作者です。

さっき，低学年の方から「知ってる」と，うれしそうな声が聞こえてきました。国語の授業で毎日物語を勉強すると，その主人公が友達みたいに近く感じることはありませんか？　ですから，その主人公が出ている別の物語を読むと，とても楽しいですよ。たとえば，「おてがみ」の，かえるくんが，なぜ，あのジャケットを着るようになったのか，別の物語を読むと，その理由がわかります。読んでみてください。

『わすれられないおくりもの』の作者，スーザン・バーレイは，『アナグマのもちよりパーティ』というお話も書いています。『わすれられないおくりもの』は，アナグマさんが亡くなってしまうのでちょっと悲しいですが，この本では，とても元気です。そして，アナグマさんともぐらさんがなぜ，仲良しになったのかもわかります。

そのお話を少しします。アナグマさんは，持ち寄りパーティを開くことにしました。持ち寄りパーティですから，招待された人たちは，おしゃれをして何か持っていかなければいけません。でも，もぐらには何も持っていくものがありませんでした。洋服もいつものままです。パーティに行くと，他の人たちは，もぐらの悪口を言います。すると，もぐらは踊り始めたのです。誰よりも上手に軽やかに。もぐらはもぐら自身をプレゼントしたのです。そして，アナグマさんは，それをとても喜んでくれました。それから，もぐらは，アナグマさんをもっと好きになったのです。同じ作者の別の本も読んでみると，きっと，何か違う発見があって，もっと楽しく読めると思います。

校長先生は，みなさんの作文を担任の先生から見せてもらうことがあります。みんなとても上手です。ですから，今度は，みなさんも物語を書いてみるのもいいかもしれませんね。創作といいます。

今日紹介した本は，すでに，学校図書館指導員の橋口先生にお願いして，図書館の中に展示してもらってあります。ぜひ手にとって読んでみてください。

写真5-2　戸丸俊文校長先生のブックトーク（千葉県柏市立大津ヶ丘第一小学校）

★ ワンポイントアドバイス

学校全体の読書意欲の向上には校長先生の呼びかけが必要です。このブックトークは，千葉県柏市立大津ヶ丘第一小学校の戸丸俊文校長先生が，全校朝会で実施されました。

全校朝会でブックトークをする際は，事前に学校司書に，内容を伝えておきます。できるだけ学校図書館の本を紹介してください。

第5章 さまざまなブックトーク

テーマ11　おもしろい本ない？：ブックトークを入れた全校読書集会

【設定理由】
　全校読書集会でブックトークを行うことによって，全校児童の読書意欲を高めたい。
【対象学年】小学校全学年
【時間の目安】15分
【準　備】コンピュータ　プロジェクター　スクリーン　パワーポイントに画像を入れておく
試写をしてコンピュータの位置を決めておく

紹介する本

❶『モンスターホテルで
おめでとう』
柏葉幸子 作
高畠純 絵
小峰書店　1991年

❷『黒い島のひみつ』
エルジェ 作
川口恵子 訳
福音館書店　1983年

❸『おしゃべりなたまごやき』
寺村輝夫 著
和歌山静子 絵
理論社　1998年

❹『ふしぎの時間割』
岡田淳 作／絵
偕成社　1998年

●シナリオ●

（画像に合わせて話す）ねえ，何かおもしろい本ない？　あるある，いっぱいあるよ。1年生から6年生までにおすすめのおもしろい本。まずは，柏葉幸子さんの『モンスターホテルでおめでとう』です。このホテルはね，普通のホテルではありません。モンスターが泊まるので，夜になったら活動開始です。このホテルでお客さんのお世話をするのは透明人間のとおるさんです。今夜は，デモンじいさんの1993歳の誕生日です。ところが，モンスターホテルに入ってはいけないはずの人間の男の子がパーティ会場のソファのかげで眠っていました。しかも夢を見て泣いているのです。どうしたんでしょうね？　その悲しいわけを知って，モンスター達がおもしろーいことをしてくれます。読んでくださいね。

　次は，一部の人にすでに人気の「タンタンの冒険旅行」シリーズの『黒い島のひみつ』です。タンタンは冒険が好きな男の子です。ある日，自家用飛行機が飛んできて，事件に巻き込まれました。愛犬のスノーウィと探っていくうちに，黒い島にたどりつきます。島のそばのホテルでは，黒い島には，ばけものがいて人間を食べてしまうとうわさされています。本当でしょうか？　この島にはどんな秘密があるのでしょうか？　読んでみてください。この本にはシリーズがたくさ

153

んあります。どれから読んでもおもしろいですよ。
　次に紹介するのは，また，ひみつの出てくるお話です。この中に似た人がいるんじゃないかな？というお話です。寺村輝夫さんの『おしゃべりなたまごやき』です。この王様は，たまごが大好きです。王様と言っても楽なことばかりではありません。王様のお勉強があるんです。だから，王様は休み時間になるのが待ち遠しくて，すぐに外に遊びに行きます。大好きな卵を産む鶏小屋に行きます。すると，鶏小屋の鍵がさしっぱなしになっています。みんなだったらどうする？　回してみたくなりますねえ。王様も鍵を回してみました。そうしたら，扉があいて，鶏がみんな出てきてしまったのです。王様は，たいへんたいへん，と鍵を持ったまま逃げました。家来たちは「王様が鶏に追いかけられている」と大騒ぎです。「何者かが，鶏小屋の鍵をあけました」と家来が報告に来ました。王様は本当のことを言えなくなってしまいました。さあ，この鍵どうしましょう？　王様は庭にぽーんと捨ててしまいました。これはだれにも秘密です。このあとは，どうなるのかは読んでみてください。

　最後に紹介する本は，『ふしぎの時間割』です。3年生の国語の教科書に出ていた「消しゴムころりん」が入っています。覚えてますか？　授業中に消しゴムを間違えて落としてしまったら，床の穴に入りました。しばらくすると，やもりが消しゴムを持って出てきてくれました。その場面でした。この消しゴムは本当のことを書くと消えません。違うことを書くと消えます。えっ？　テストのときに便利？　そうですねえ。このお話では，もっと違ういいことに使います。

　他にも不思議なお話が，1時間目から6時間目。放課後まで書いてあります。目をあけたら石になる，ていうこわいお話も出ているんですよ。みんなに身近で，もしかしたらありそうな不思議な学校の一日です。

　この本の作者は岡田淳さんです。岡田淳さんは『2分間の冒険』『不思議な木の実の料理法』など高学年向きの本もたくさん書いているので読んでみてください。

　今日紹介した作者は，柏葉幸子，エルジェ，寺村輝夫，岡田淳でした。作者の名前を覚えて，この他の本も読んでみてください。

★ワンポイントアドバイス

　全校で読書集会を行う場合，全校児童を対象としたブックトークをおすすめします。小学校は低学年と高学年，読める本が違いますが，低学年でも文字の小さい本が読めますし，高学年でも読み慣れていないお子さんは，やさしい本から読むことも必要です。

　パワーポイントで大きくした画像を見せると効果的です。ただし，その場合は，出版社に会の主旨等を伝えて許可をとってください。

　紹介する本は学校図書館にある本から選び，近隣の公共図書館や学校から，同じ本を借りて各学級に数冊ずつ置くと，すぐに読めます。

第5章　さまざまなブックトーク

| テーマ12 | おすすめの本を紹介します：給食中のブックトーク |

【設定理由】
　本に親しませ，学校司書（柏市では学校図書館指導員）とも仲良くなるチャンスとしたい。
【対象学年】①小学校1年生　②小学校6年生　③中学校全学年
【時間の目安】5分

① 　テーマ：本当のともだち
紹介する本

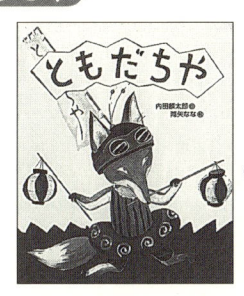

❶『ともだちや』
　内田麟太郎 作
　降矢なな 絵
　偕成社　1998年

❷『ともだちくるかな』
　内田麟太郎 作
　降矢なな 絵
　偕成社　1999年

● シナリオ ●

担任（T）　学校司書（L）　児童（S）

L：こんにちは。今日は本の紹介に来ました。私は木曜日にしか来ないので，なかなかみんなに会えないでしょう？　だからこうして給食の時間に来ました。今から本のお話をするけれど，こちらをしっかり見なくてもいいです。耳だけかしてね。そしてお口を動かしてよく噛んで食べましょうね。
　　では始めます。この本『ともだちや』は知っているかな？　国語の「おはなしどうぶつえんでガイドになろう」で紹介されているね。みんなは，なかよしのお友達はいますか？　いっしょに遊ぶお友達は誰ですか？
S：○○くん！　きのうもあそんだ！
L：そう。みんな，いいお友達がいていいね。この『ともだちや』の主人公のキツネは1時間100円，2時間200円を払ってくれたら友達になってあげるというのです。するとクマに呼ばれました。キツネは食べたくないのに，イチゴやはちみつを食べました。約束通り200円をもらいましたがおなかがシクシクします。次にオオカミに呼ばれていっしょにトランプをしました。それから，オオカミにお代をくださいと言うと……。オオカミは「おだいだって！　お，おまえは，ともだちからかねをとるのか。それがほんとうのともだちか」と言われます。遊んだからって，友達からお金をもらう人はいますか？
S：ううん。（食べながらなので，数名が首を横にふって否定）

155

L：そうだよね。お金をもらって友達になってあげたりしないね。では，キツネはどうするでしょう。オオカミに怒られてしまったね。
　　つづきは読んでほしいけれど，ヒントを見せます。（仲直りしている場面を開く）オオカミからミニカーをもらっているね。どうやら2匹は本当の友達になったようです。
　　もう1冊，この2匹が出てくる本をもってきました。『ともだちくるかな』です。こんどは，オオカミが自分の誕生日にキツネが来てくれることを，とてもとても楽しみにしている場面から始まります。けれど，待っても待ってもキツネは来ません。あまりにさびしいので，「何もかもわすれてやる！」と言って眠りました。次の日，本当に何もかも忘れてしまったオオカミですが，さびしさだけは消えません。ぼんやりしていると，キツネがプレゼントをもってやってきました。
S：やっときた！　プレゼントを用意していて遅れちゃったんだよ！　ほら持ってる！
L：（全員にプレゼントやケーキの絵をよく見せるようにして）けれど，あれ？　オオカミは喜びません。そして，キツネといっしょに泣いていますよ。（2匹が抱き合って泣いている，さし絵を見せて）なぜ泣いているのかな？　仲直りはできるのかな？　続きは読んでみてね。
　　この「おれたちともだち」シリーズは，ほかにもあります。内田麟太郎さんという人が書いたので，内田の「う」のシールが貼ってあります。学校図書館の絵本の棚の「う」の所にあります。貸し出しできるので，読んでみてね。これで私の本の紹介を終わります。また来るね。
T：はい，ではみんなでお礼を言いましょう。
S：ありがとうございました。
L：ありがとうございました。

---

② 　テーマ：中学生にも人気の本

紹介する本

❶『バッテリー』
あさのあつこ 著
佐藤真紀子 絵
教育画劇　1996年

❷『都会のトム＆ソーヤ』
はやみねかおる 著
講談社　2003年

●シナリオ●

L：こんにちは。また今年も給食の時間にお邪魔して本の紹介をしようと思います。今日紹介するのは，『バッテリー』と『都会のトム＆ソーヤ』です。小学校の高学年にも中学生にも人

気があります。どちらもかっこいい男の子が主人公です。まず『バッテリー』ですが，もう読んだ人？　映画を観た人は？

S：（数名が無言で手を挙げる）

L：6巻の最後まで読みましたか？　巧と豪，どちらのタイプが好き？（女子に向かって）

S：……。（給食を口にしながらニヤニヤとする）

L：主人公は原田巧。天才的ピッチャーで，自分でもトレーニングをしっかりやって努力をする無口なタイプ。（巧の挿し絵を見せる）
　私は野球に詳しくないんだけど，野球ってすごいピッチャーがいれば他のメンバーが下手でも勝てるの？

S：野球のことなら○○，答えろよ。

S：うん。ピッチャーだけではダメだと思うけど……。

L：やっぱりそうなのね。でもこの巧は，自分さえいれば負けるはずはない，と思っていて，少年野球のチームメイトを信じていません。家でも無口で家族に愛想がありません。このような巧とバッテリーを組むことになるのがこの永倉豪です。（挿し絵を見せる）おおらかで優しくてチームをまとめていくリーダータイプです。二人は中学生になり野球部に入ります。でもさっきも話した通り，無口で愛想のない巧が，中学で先輩ににらまれないわけがありません。野球部の先輩にいじめられるのですが，そのやり方がずるくて，私は腹が立って仕方がなかったです。もう晩ご飯の用意どころではなくて，読むのを止められませんでした。第2巻の後半です。この二人は部活を続けるのか？　チームメイトとはどうなるのか？　ぜひ読んでみてください。

　では次に『都会のトム＆ソーヤ』ですが，こちらは登場人物だけ紹介します。（挿し絵を見せながら）これが主人公の内藤内人。明るくてふつうの中学生。こちらが竜王創也。内人と同級生で成績優秀。大金持の息子でいつもボディガードがついています。そのボディガードがこちら二階堂卓也。無口で強くて頼りになるボディガード。けれど，保育士さんになるのが夢で夜の公園でシャドー保育です。そこに子どもがいないのに，いるように想像して子どもの世話や鬼ごっこをひとりでやるのです。

S：エー。

L：あはは，でも他の学校の女子で卓也さんファンという子もいるのよ。この内人と創也が伝説のゲームクリエイター栗井栄太を探して地下下水道に侵入したり，事件に巻き込まれたりするお話です。あまりに人気があって現在8巻まで出ていて，おまけに完全ガイドブックというのまであります。この『都会のトム＆ソーヤ』は，はやみねかおるさんが書いたので学校図書館では9類の「は」の棚にあります。さきほどの『バッテリー』は，あさのあつこさんなので9類の「あ」の棚です。どちらも貸し出しできるので，ぜひ読んでください。これで本の紹介を終わります。ありがとうございました。

③　テーマ：映画化や話題の本

紹介する本

❶ 『ゴールデンスランバー』
伊坂幸太郎 著
新潮社　2007年

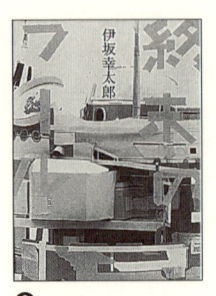

❷ 『終末のフール』
伊坂幸太郎 著
集英社　2006年

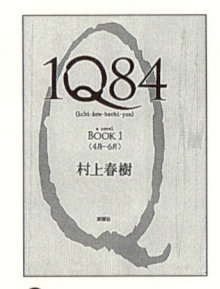

❸ 『１Ｑ８４』
村上春樹 著
新潮社　2009年

● シナリオ ●

L：こんにちは。読書週間なのでみんなに学校図書館に来てほしいと思って本の紹介に来ました。食べながら聞いてください。

　１冊めは，他の本とは少し違った貸出の傾向がみられた本です。この本を借りる人は学校図書館に日頃は来ないようなタイプの人。しかも男子も女子も借ります。そしてこの作者の他の作品も読みたいから買ってほしいと私に言いに来ます。このような傾向の本は他にないので，ちょっと面白いなと思いました。題名は『ゴールデンスランバー』作者は伊坂幸太郎です。映画化されました。

　あらすじを話します。日本の総理大臣がパレード中に暗殺されます。それとほぼ同時に平凡な宅配便の運転手だった青柳雅春は旧友に「逃げろ！　オズワルドにされるぞ！」と言われます。オズワルドは実際にアメリカで起きたケネディ大統領暗殺の犯人とされた男です。ＣＩＡに仕組まれたという噂もあります。逮捕され移送中に殺されてしまったので真相はわからないままです。青柳はわけのわからぬまま走り出すと，後ろから警官が二人，追って来ます。しかも拳銃を発砲して来ます。間もなくテレビに容疑者として自分の写真が映されます。もう自宅も実家も親友の家も警察とマスコミが待ち構えています。友達に携帯電話で連絡をとると盗聴され居場所まで突き止められてしまいます。さて青柳は逃げられるのか？　捕まるのか？　捕まって殺されるのか？　読んでみてください。

　伊坂幸太郎の作品で私が好きなのはこちらの『終末のフール』です。これは物語の設定が独創的だと思いました。地球に小惑星が衝突して地球が滅亡するまであと３年という設定です。けれど，パニック状態ではないのです。衝突が報じられたのは５年前。当時人々はパニックになり殺人，強奪，悲観した人は自殺をして。それらがひと段落し，今生きている人は残された時間を有意義に過ごそうと平和が訪れている，という設定なのです。そこに生きる８家族のそれぞれの物語です。ふと「あと３年で地球が滅びるとわかっていたら自分ならどうするかな？」と考えてしまいました。

最後に紹介するのは村上春樹の『1Q84』です。発売日に書店に行列ができてニュースになりましたが，おうちの方が読みたいとおっしゃっていたら，どうぞ借りて行ってください。予約もできるので図書委員に頼むといいです。これは今3巻まで出ていますが，2巻の終わりに衝撃的なシーンがあって，私は3巻を借りるまで我慢できずにインターネットであらすじを調べてしまいました。インターネットで「あらすじ・ネタバレ」と検索するとたいていのものはわかりますが，いよいよ3巻を読み始めて思いました。「調べなければよかった！」って。楽しくないです。みなさんも楽しみにしている本は調べない方がいいですよ。

S：（ほとんどの生徒が食べ終わっていて全員の真剣な視線）

L：その衝撃のシーンというのは，主人公の青豆というスポーツインストラクターをしている美人でスレンダーな女性が，口にピストルの銃口をくわえるシーンです。くわえさせられたのか？　自分でくわえたのか？　死ぬのか？　死なないのか？　主人公はもうひとり。天吾という作家を目指す青年。この天吾と青豆は敵か？　味方か？　恋人か？　血がつながっているのか？　どんな関係なのか？　とても面白かったです。1巻は貸出中なので，ぜひ予約して読んでください。これで紹介を終わります。

T：それでは紹介してくださった本を回すから汚さないように見てね。

　（紹介用に貼った付箋の部分を中心に熱心に読む人，友達といっしょに見る人，私に購入してほしい本を言いに来る人など，昼休み終了まで本の話題が続く）

写真5-3　給食が始まって教室を訪れる学校図書館指導員の甲斐陽子さん（千葉県柏市立高田小学校）

給食中のブックトークについて

　給食中のブックトークを実施するきっかけは「学校図書館になかなか来ないからなんとかしたい」という思いからでした。最初は小学校で始めました。

　まず4時間めまでに担任の先生へ教室に伺う許可をとります。「今日の給食の時間に本の紹介に伺ってもよろしいでしょうか？　みんなのお口がモグモグしていておしゃべりのない時間に少しだけ。食べ始めるのは12時半くらいでしょうか」すると先生方は，快諾してくださいます。「教室でいっしょに食べましょう」と誘ってくださる場合もあります。

　次に教室に入るタイミングですが，約束した時間に食べ始めていなければ廊下で待ちます。「こんにちは。本の紹介に来ました」と言いながら教室に入ります。放送委員会の楽しい校内放送があるときは，実施しないように気をつけます。とくに見せたい挿し絵は拡大コピーをしておきます。中学生は，紹介する本を手さげ袋に入れて題名も冊数もわからない方が聞いてくれます。紹介する本は，季節や行事，ちょうど授業で扱っているテーマを意識します。食事中であることに注意します。失敗例は，9月の防災訓練に関連して被災した子どもの話『ゆずちゃん』（肥田美代子作　ポプラ社　1995年）で真剣に聞いてくれましたが，悲しくて食事どころではない雰囲気になってしまいました。大切なテーマですが給食時間には向いていませんでした。とにかくブックトークの経験を増やしたい一心でした。度胸も魅力的な話し方も身につけるには経験がなくては始まらないと思ったからです。

　1週間に1回（年間35日間）の勤務しかない中で，ブックトークに伺った日から格段に児童・生徒や担任の先生との距離が縮まり，良い連鎖反応がおこりました。それは，次の勤務で先生とお会いしたときに「この前はありがとうございました」と言っていただけるようになり，私から「図書を使った授業をしませんか？　たとえば国語は〇〇の時期ですよね？」と提案できるようになりました。また児童からは「先生，こんにちは。今日は木曜日だから来たんだね」などと話しかけられる回数が一段と増えました。私も経験を積み重ねることで度胸やコツを身につけ自信がつきました。

　給食中のブックトークは，担任の先生に申し出る勇気を奮い起しさえすればその後のよい結果につながります。

千葉県柏市学校図書館指導員　甲斐陽子

資料1 日本十進分類法（Nippon Decimal Classification，略称NDC）

〔中学・高校向きの表示〕　　　〔小学生向きの表示〕
0類　総記　　　　　　　　　　0類　調べる本
1類　哲学・宗教　　　　　　　1類　心・考え方
2類　歴史・伝記・地理　　　　2類　歴史・地理・えらい人の話
3類　社会　　　　　　　　　　3類　社会
4類　自然科学　　　　　　　　4類　算数・理科・いきもの
5類　技術・工業・家庭　　　　5類　工業・環境・のりもの
6類　産業・通信　　　　　　　6類　産業・通信
7類　芸術・体育　　　　　　　7類　音楽・図工・体育・あそび
8類　言語　　　　　　　　　　8類　ことば・国語
9類　文学　　　　　　　　　　9類　ものがたり

日本十進分類法は森 清（もりきよし）（1906-1990）が考案した標準的な分類方法です。まず大きく上記の10の分類に分け，さらにそれぞれを10ずつ分けて，また10ずつに分けて，並べた数字で内容を示す方法です。たとえば，日本文学は，下記のように，「913」です。日本のノンフィクションなら「916」，英米文学でしたら「933」です。

1948年，日本図書館協会が個人から引き継ぎ，1950年新訂6版が出された。その後，改定を重ね，現在は1995年改定の9版が使用されています(1)。『本表編』と『一般補助法・相関索引編』の2冊でできています。NDCを採用している学校は，この本を購入してカウンター内に置いておくと便利です。

小・中学校・高等学校の多くでは，下のように，3ケタで表示しています。年度始めのオリエンテーションで，分類の説明をしてください（162ページ参照）。

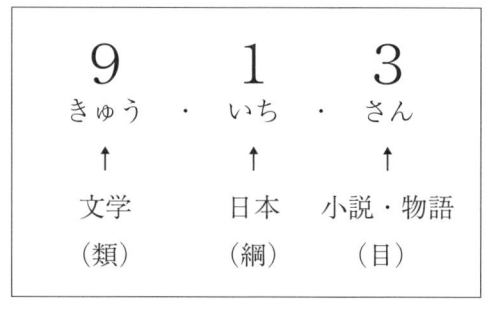

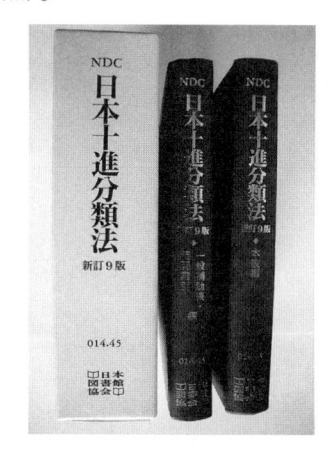

```
  9    ・  1   ・  3
きゅう    いち     さん
  ↑      ↑      ↑
 文学    日本　 小説・物語
 （類）  （綱）   （目）
```
日本文学の分類

注
（1）日本図書館協会分類委員会　日本十進分類法新訂9版　日本図書館会　1995年

資料2 年度初めに行うブックトークを入れたオリエンテーション活動案

T1　担任　　T2　学校司書（司書教諭）　　特別T　校長先生（教頭先生）

目的
- 児童・生徒が学校図書館の利用方法を覚える。
- ブックトークに関心を持ち，読みたい図書を決めて借りる。
- 教諭が学校図書館のきまりや図書の配置を覚えて，今後の指導に生かす。

時配	支 援 と 評 価	生 徒 の 活 動
15	1．本時のめあてを確認する。T1 　　自己紹介をする。T2 2．学校図書館の約束を確認する。T2 　・学校図書館では静かに行動する。 　・貸出冊数，期間を示す。 　・借りたら必ず返す。 　・手続きをしてから借りる。 　・返却ボックスの説明をする。 3．本の種類の違いに注目させて，分類があることに気づかせる。	1．学校図書館の使い方について勉強するということを知る。 2．本の借り方，学校図書館の約束を確認する。 3．表示や掲示を見ながら分類があることを理解する。 　1→心　2→歴史伝記地理　3→社会 　4→自然科学（算数・理科）5→作る 　6→産業　7→音楽・スポーツ・遊び 　8→ことば　9→詩・物語　0→総記
25	4．ブックトークを行う。 　　特別T，T1，T2 　　　教科に関係する本 　　　人気のあるシリーズ 　　　教諭自身が好きな本　など	4．ブックトークを聞く。
10	5．ブックトークを参考に，本を借りることを伝える。T1 6．本の貸出をする。T1 　借りる本を決められない児童・生徒へアドバイスをする。T2 7．本時のまとめをする。T1	5．学校図書館全体を見て借りる本を決める。 　・早く決められた生徒は借りる手続きをし読んでいる。 6．本を決められない生徒は，学校司書に相談する。 7．本時のまとめを聞く。

留意点：児童・生徒に貸し出しますので，ブックトークは，学校図書館の本から選んでください。国語以外の先生は，できるだけ，教科に関係する本を選んで，今後の学習にも生かせるようにお願いします。

資料3　ブックトークについての本

ブックトーク入門　岡山市学校図書館問題研究会　教育史料出版会　1986年（みんなの図書館双書1）

わたしのブック・トーク　山花郁子著　岩崎書店　1988年（親子読書文庫；9）

ブックトーク　全国SLAブックトーク委員会　全国学校図書館協議会　1990年

本の世界を旅しよう　ブックトーク研究会　1990年

ブックトークのすすめ　山花郁子著　国土社　1991年

ブックトーク　児童図書館研究会　1992年（てまめあしまめくちまめ文庫1）

よんでよんでトーク.1　高橋元夫・蔵元和子他　星の環会　1995年

よんでよんでトーク.2　高橋元夫・蔵元和子他　星の環会　1995年

よんでよんでトーク.3　高橋元夫・蔵元和子他　星の環会　1995年

ブックトークで心のキャッチボール　蔵元和子　学事出版　1996年

いのちをみつめるブックトーク　山花郁子　かど創房　1997年

よんでよんでトーク.4　高橋元夫・蔵元和子他　星の環会　1997年（ブックトークの本）

よんでよんでトーク.5　高橋元夫・蔵元和子他　星の環会　1997年（ブックトークの本）

よんでよんでトーク.6　高橋元夫・蔵元和子他　星の環会　1997年（ブックトークの本）

小学生のためのブックトーク12か月　東京都小学校図書館研究会ブックトーク研究委員会　全国学校図書館協議会　2007年

どこでもブックトーク　北畑博子著　連合出版　1998年

ブックトーク　千葉まゆみ著　1998年

ブックトーク　千葉まゆみ著　改訂版　1999年

ブックトークをやってみよう　「本の楽しさ宅急便」事業実行委員会　福岡県図書館活動推進「本の楽しさ宅急便」事業実行委員会　2000年

いつでもブックトーク　北畑博子　連合出版　2001年

はじめてのブックトーク　熱海則夫他　図書館流通センター　2002年（図書館ブックレット4）

わたしのブックトーク　京都ブックトークの会　連合出版　2002年

ブックトーク.2　児童図書館研究会　2003年（てまめあしまめくちまめ文庫7）

ブックトーク再考　学校図書館問題研究会「ブックトークの本」編集委員会　教育史料出版会　2003年

子どもたちの笑顔に出会いたい　梓加依　素人社　2004年

ブックトーク12か月　滋賀県学校図書館協議会中学校部会ブックトーク研究会　全国学校図書館協議会　2004年

ミニブックトークをどうぞ　北畑博子　連合出版　2004年

学校deブックトーク　笹倉剛他　北大路書房　2007年（北大路ブックレット2）

授業が生きるブックトーク　鈴木喜代春他　一声社　2007年

ブックトーク　富山県図書館協会　2007年

やってみよう・ブックトーク　親子読書地域文庫全国連絡会　2007年（親地連ブックレット）

だれでもできるブックトーク　村上淳子編著　国土社　2008年

ぼくのブックトーク　依田逸夫著　山梨ふるさと文庫　2008年（シリーズ山梨の文芸）

わくわくブックトーク　小林功著　全国学校図書館協議会　2008年（学校図書館入門シリーズ17）

あなたもブックトーク　京都ブックトークの会著　連合出版　2009年

キラキラ応援ブックトーク　キラキラ読書クラブ著　岩崎書店　2009年

今日からはじめるブックトーク　徐奈美著　少年写真新聞社　2010年（シリーズ学校図書館）

だれでもできるブックトーク．2（中学・高校生編）　村上淳子編著　国土社　2010年

学校ブックトーク入門　高桑弥須子著　教文館　2011年

新版・授業が生きるブックトーク　鈴木喜代春著　一声社　2011年

おわりに

　本書は，小・中学校・高等学校で行われたブックトークのシナリオを集めて，1冊にまとめたものです。拙著『実践できる司書教諭を養成するための　学校図書館入門』（ミネルヴァ書房，2009年）に掲載したブックトークのシナリオを読んで，編集の河野さんが企画してくださいました。そこで，興味深いブックトークをされる3人の学校司書，小柳聡美さん（第2章），和田幸子さん（第3章），齋藤洋子さん（第4章）と共著で出版することになりました。

　まず，4人で編集会議を開きました。児童・生徒の読書力を高め，校内の読書を盛んにしたいという思いは同じで，そのためにブックトークはとても有効だということ，これからは小・中学校・高等学校や公共図書館も連携した読書指導体制を確立したいことなど話し合い，執筆の方向が決まりました。

　さらに，同じく学校司書の大岩香苗さん（第2章のテーマ⑥），甲斐陽子さん（第5章のテーマ⑫）にもご協力いただき，貴重なブックトークの実践を書いていただきました。また，柏市立大津ヶ丘第一小学校校長の戸丸俊文さん（第5章のテーマ⑩），柏市立酒井根東小学校校長の片岡通有さん（第5章のテーマ⑧），東京学芸大学卒業生の村山翔平さん（第5章のテーマ⑨）のブックトークも掲載させていただきました。上記以外の5章のブックトークは，渡辺暢惠が学校図書館アドバイザーとしてモデル授業で行った内容をもとに書きました。さまざまな立場でのブックトークを集めることで，今後の可能性が広がると考えました。

　ブックトークは，一回で完成するものではなく，児童・生徒の声を反映させて，何度も実践して修正を加えて出来上がっていきます。このシナリオをもとにさらに違う本を加え，工夫を重ねて広まっていくことを著者一同，願っています。また，ご意見やご感想をいただきながら研鑽を積んで，適切な本を探し，次のブックトークを作っていきたいとも思います。

　本書では，主に学校司書の実践を集めていますが，全国で見ると，まだ学校司書未配置の市区町村もあります。全学校に学校司書が配置され，このようなブックトークの実践が広まると，子ども達はもっと本を好きになると思います。もう一つの課題は，学校司書の多くが非正規の職員で，勤務時間が限られていることです。給食ブックトークは短い勤務時間をカバーする苦肉の策ともいえます。それでも児童・生徒のために努力していることをお伝えしたいと考えてお願いしました。今後，職制が確立し，学校司書が教員と同様に働ける日が来ることを願って止みません。

　最後になりましたが，ミネルヴァ書房編集部の河野菜穂さん，京都から千葉まで編集会議に来ていただき，また多くの的確なアドバイスをありがとうございました。

2012年2月吉日

著者一同代表　渡辺暢惠

著者紹介（執筆順，執筆分担）

渡辺暢恵（わたなべ・のぶえ）　はじめに，第1章，第2章のテーマ⑥，第5章，おわりに，資料①～③
東京学芸大学非常勤講師。
東京学芸大学などで，司書教諭科目を担当し，ブックトークの実演を入れている。2005年から2011年まで，千葉県柏市教育委員会の学校図書館アドバイザーとして，小・中学校で，授業の中にブックトークをどのように生かすかを提案し，モデル授業を実施。

著　書　『子どもが生き生きする学校図書館づくり』（黎明書房，2002年）。
　　　　『子どもと一緒に進める学校図書館の活動と展示・掲示12カ月』（黎明書房，2003年）。
　　　　『子どもの読書力を育てる学校図書館活用法』（黎明書房，2005年）。
　　　　『いますぐ活用できる学校図書館づくりQ&A 72』（黎明書房，2007年）。
　　　　『子どもが生き生きする学校図書館づくり　改訂版』（黎明書房，2008年）。
　　　　『実践できる司書教諭を養成するための学校図書館入門』（ミネルヴァ書房，2009年）。

小柳聡美（こやなぎ・さとみ）　第2章（テーマ⑥除く）
群馬県高崎市立吉井中央中学校 学校司書（学校図書館指導員）。
白百合女子大学大学院文学研究科修士（児童文学専攻修了）
1997年から小・中学校の学校司書を中心に活動。千葉県千葉市学校図書館指導員，群馬県富岡市立富岡小学校の勤務を経て，2010年4月より現職。
小・中学生を対象にお話会やブックトークの実演を行い，読み聞かせボランティア・学校司書・図書主任・司書教諭研修会などの講師を務める。

和田幸子（わだ・さちこ）　第3章
千葉県袖ケ浦市立昭和中学校 学校司書（読書指導員）。
中学校の学校司書として13年以上勤務。前任校の平川中学校では，2006年度に子ども読書推進賞（奨励賞）受賞・文部科学大臣表彰，2008年度に第38回学校図書館賞を受賞する。
全国の小・中学校・高等学校・大学・司書・司書教諭研修会等でブックトークの実演や講義を行い，ブックトークの普及や中学校での学校図書館活用の紹介に努める。

齋藤洋子（さいとう・ようこ）　第4章
千葉県立八千代西高等学校 学校司書。
高等学校の学校司書として20年以上勤務しながら，千葉県高等学校教育研究会学校図書館部会研究部に所属し，千葉県の学校図書館関係職員向け研修会の企画と運営に携わる。
教職員・生徒に積極的に働きかけ，全校の読書活動や学校図書館利用の活性化に努めている。

学校司書と先生のための
すぐできるブックトーク
──小・中学校・高等学校のわかりやすいシナリオ集──

| 2012年3月31日 | 初版第1刷発行 | 検印省略 |
| 2014年9月20日 | 初版第3刷発行 | |

定価はカバーに
表示しています

著　者	渡辺 小和 恵美子子 小柳 聡 暢子 和田 幸 洋 齋藤 三博
発行者	杉田 啓三
印刷者	田中 雅博

発行所　株式会社　ミネルヴァ書房
607-8494 京都市山科区日ノ岡堤谷町1
電話代表 075-581-5191
振替口座 01020-0-8076

© 渡辺・小柳・和田・齋藤, 2012　創栄図書印刷・清水製本

ISBN978-4-623-06265-2
Printed in Japan

渡辺暢恵 著
実践できる司書教諭を養成するための
学校図書館入門
B5判美装カバー　216頁　本体2500円

矢野智司 著
大人が子どもにおくりとどける40の物語
――自己形成のためのレッスン
四六判上製カバー　296頁　本体2400円

竹内美紀 著
石井桃子の翻訳はなぜ子どもをひきつけるのか
――「声を訳す」文体の秘密
A5判上製カバー　338頁　本体4200円

生田美秋・石井光恵・藤本朝巳 編著
ベーシック絵本入門
B5判美装カバー　234頁　本体2400円

福岡貞子／磯沢淳子 編著
保育者と学生・親のための
乳児の絵本・保育課題絵本ガイド
B5判美装カバー　164頁　本体1800円

――ミネルヴァ書房――

http://www.minervashobo.co.jp/